Brigitte
Büge

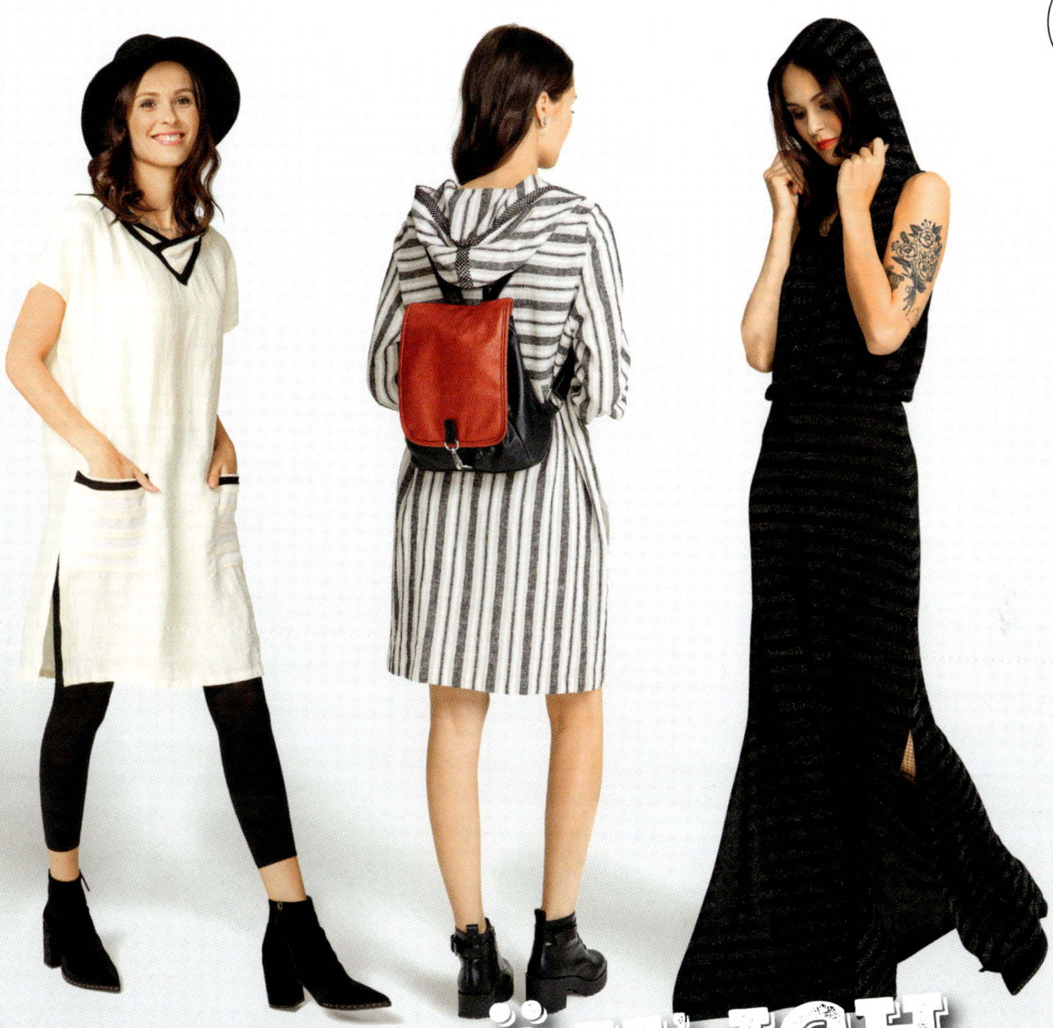

JETZT NÄH' ICH HOODIE-KLEIDER!

Dein Kapuzen-Style selbstgenäht

HOODIE... HOODIE... HOODIE...

Die Freude war riesengroß, als ich das Angebot bekam,
Hoodie-Kleider zu entwerfen.

Ich bin ein Hoodie-Fan!

Sofort waren in meinem Kopf so viele Ideen, dass ich meinen Zeichenblock
zur Hand nehmen musste und meine Hände automatisch die Gedanken aufzeichneten.

Kurz darauf begann mein Urlaub und ich packte meine Zeichenutensilien mit in den Koffer.

Am Strand von Propriano auf Korsika entwarf ich voller Begeisterung diese Hoodie-Kleider.

Ich wünsche meinen Lesern genauso viel Freude beim Nähen, wie es mir
Spaß gemacht hat, die Hoodies zu entwerfen, die Schnitte dafür herzustellen und die
Musterteile anzufertigen.

Es ist für alle etwas dabei: Kleider für den Alltag, für die Freizeit, für den Sport, fürs Büro,
für den Urlaub und glamourös für den Abend.

Sollten meinem Leser die Stoffe gefallen, so kann er sie online bestellen unter

www.brigitte-buege-online.com

Und jetzt kann es losgehen, viel Spaß beim Nähen!

INHALT

Schwierigkeitsgrade:

✂ = einfach

✂✂ = mittel

✂✂✂ = anspruchsvoll

MADRID

Ringelhoodie in Schwarz-Weiß

Größen: 34–44 • **Schwierigkeitsgrad:** ✂✂✂ • Schnittteile in Rot auf Bogen B

Leicht und luftig!
Dieser lässige Hoodie ist vielseitig. Individuell in der richtigen Länge zugeschnitten, ist dieses
Modell ein kurzes Kleid oder zur Slim Fit Jeans ein cooles Longshirt. Einfach genial!

Material

- Ringel-Jersey in Schwarz-Weiß (96 % Viskose, 4 % Elasthan, 150 cm breit), 1,20 m
- Streifen-Jersey in Schwarz-Grau (95 % Baumwolle, 5 % Elasthan, 140 cm breit), 0,50 m
- Rippen-Jersey (Bündchenware) in Hellgrau (95 % Baumwolle, 5 % Elasthan, Schlauchware – 35–40 cm breit – aufgeschnitten 70–80 cm breit), 0,10 m
- Jersey in Rot (95 % Baumwolle, 5 % Elasthan, 150 cm breit) 0,05 m
- Formband in Weiß, 1 cm breit, 10 cm
- Farblich passendes Nähgarn

überschnittene
Schulter

überlappende
Kapuze

untailliert,
gerade im Schnitt

Zuschneiden

Die Schnittteile der gewünschten Größe vom Bogen auf Papier kopieren und ausschneiden.

Schnittbogen B in Rot

Größe: 34/36 — — — —

Größe: 38/40 ∿∿∿∿∿∿

Größe: 42/44 ———————

Ringel-Jersey in den Doppelbruch legen und die Schnittteile gemäß Lageplan auf dem Stoff positionieren.

Streifen-Jersey in den Bruch legen, sodass Webkante auf Webkante liegt. Bündchenware aufgeschnitten in ganzer Breite auslegen.

Als Nahtzugabe am Saum 4 cm, an den restlichen Schnittkanten 1 cm zugeben.

- 5 Vorderteil
- 6 Rückenteil
- 12 Kapuze

Nachfolgende Schnittteile sind mit 1 cm Nahtzugabe angegeben:

- **A** Kapuzenmittelstreifen: 1x Länge wie obere Kapuzenkante, 9 cm breit (fertig 7 cm) (aus Rippen-Jersey)
- **B** Schulter-Streifen: Länge wie Schulternaht, 2 cm breit (aus Streifen-Jersey)
- **C** Streifen für Kapuzenmittelstreifen: Länge wie Kapuzenmittelstreifen, 2 cm breit (aus Ringel-Jersey)
- **D** Streifen für vordere Kapuzenkante: Länge wie vordere Kapuzenkante, 2 cm breit (aus Ringel-Jersey)
- **E** Halsausschnitt-Streifen 1x: Länge wie Halsausschnittkante, 2 cm breit (aus rotem Jersey)

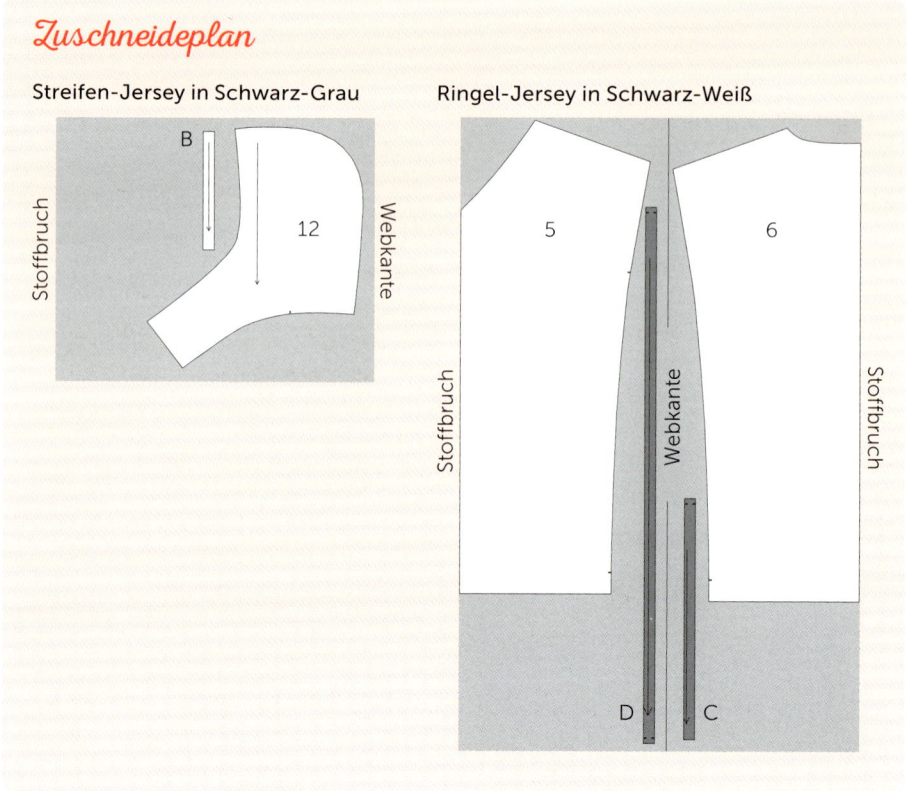

Zuschneideplan

Streifen-Jersey in Schwarz-Grau

B · 12 · Stoffbruch · Webkante

Ringel-Jersey in Schwarz-Weiß

5 · 6 · Stoffbruch · Webkante · Stoffbruch · D · C

So wird's gemacht

1 **Kapuze nähen:** Kapuzenmittelstreifen links auf links auf die beiden Kapuzenteile legen, sodass die Schnittkanten von beiden exakt aufeinanderliegen und in 5 cm - Abständen mit Stecknadeln befestigen. Beide Strecken nähen. Die Nahtzugabe mit den Händen auseinanderdrücken und rechts und links der Naht in gleichmäßigem Abstand knapp neben der Naht steppen. Nahtzugabe bis auf 0,5 cm gleichmäßig zurückschneiden. Die Streifen für den Kapuzenmittelstreifen links auf rechts auf die Kapuzennähte legen, Nahtzugaben sind durch den Streifen komplett verdeckt, Streifen beidseitig 0,5 cm ab Schnittkante aufsteppen. Vordere Kapuzenkante 1 cm nach rechts bügeln und mit Stecknadeln befestigen. Den Streifen für die vordere Kapuzenkante links auf rechts so an der vorderen Kapuzenkante befestigen, dass die Streifenschnittkante 0,5 cm übersteht. Von links an der umgebügelten Bruchkante den Streifen aufsteppen. Von rechts bei 0,5 cm die andere Schnittkante des Streifens aufsteppen. Die rechte vordere Kapuzenkante links auf rechts auf die linke vordere Kapuzenkante legen, vorderen Mitten liegen aufeinander, übereinanderliegende Schnittkanten zusammensteppen.

2 **Schulternaht schließen:** Schulter von Vorder- und Rückenteil links auf links aufeinanderlegen, Naht bei 1 cm schließen, Nahtzugabe auseinanderbügeln. Rechts und links der Naht knappkantig steppen. Nahtzugabe auf 0,5 cm zurückschneiden. Schulter-Streifen aufsteppen (siehe Streifen für Kapuzenmittelstreifen).

3 Kapuze an Oberteil nähen:
Formband von links beidseitig 5 cm ab Ausschnittspitze auf die Hals-ausschnittkante bügeln, das Formband liegt an der Spitze doppelt. Die Nahtzugabe zur Spitze einschneiden. Kapuze links auf links an den Halsausschnitt stecken, dabei darauf achten, dass Schulterpunkte und hintere Mitte auf-einandertreffen. Naht an der Spitze beginnend nähen. Die Nahtzugabe in das Oberteil bügeln.
Den Halsausschnitt-Streifen an den Enden rechts auf rechts schräg zu einer Spitze schließen. Nahtzugabe auseinan-derbügeln und die überstehende Naht-zugabe wegschneiden. Streifen von rechts so auf die Nahtzugabe legen, dass er 0,5 cm über die Naht hinweg in der Kapuze liegt, Streifen ringsum feststecken, Spitze liegt exakt auf der Ausschnittspitze. Streifen von links knappkantig an der Naht nähen. Nicht über Stecknadeln nähen, diese kurz vorher entfernen! Von rechts bei 0,5 cm die andere Schnittkante des Streifens auf das Oberteil steppen.

4 Seitennähte schließen: Seiten-kanten von Vorder- und Rücken-teil versäubern. Vorder- und Rückenteil rechts auf rechts legen, sodass die ver-säuberten Schnittkanten deckungsgleich aufliegen. Seitennähte ab Armausschnitt-markierung schließen. Nahtzugaben auseinanderbügeln, Armausschnitt-kante im gleichen Abstand nach innen

bügeln. Armausschnittkante an der versäuberten Kante knappkantig auf-steppen.

5 Saum: Saumschnittkante ver-säubern und 4 cm nach links bügeln. Strecke mit Stecknadeln be-festigen und den Saum an der versäu-berten Kante knappkantig aufsteppen.

HELSINKI

Cremefarbener Hoodie-Sweater

Größen: 34–44 • Schwierigkeitsgrad: ✂✂ • Schnittbogen D in Rot

Edle Homewear oder Streetstyle?
Dieser Sweater verkörpert beides. Oversized geschnitten und mit schönen
Details aus kuscheliger Baumwolle – zum Wohlfühlen!

Material

- Sweat-Jersey in Ecru (100 % Baumwolle, 150 cm breit), 2,20 m
- Reißverschluss in Ecru, 32 cm lang
- Streifenband in Schwarz-Ecru (15 mm breit), 1 m
- Baumwollschrägband in Ecru (40/20 mm breit), 1 m
- Formband in Weiß (10 mm breit), 10 cm
- Farblich passendes Nähgarn

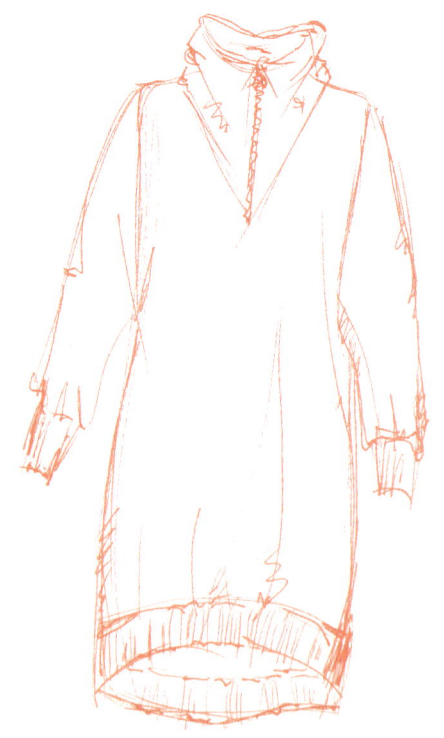

tiefer Kapuzenansatz
mit Reißverschluss

überlanger
Fledermausärmel

leger sitzender
Schnitt

vorne kürzer
nach hinten länger werdend

Zuschneideplan

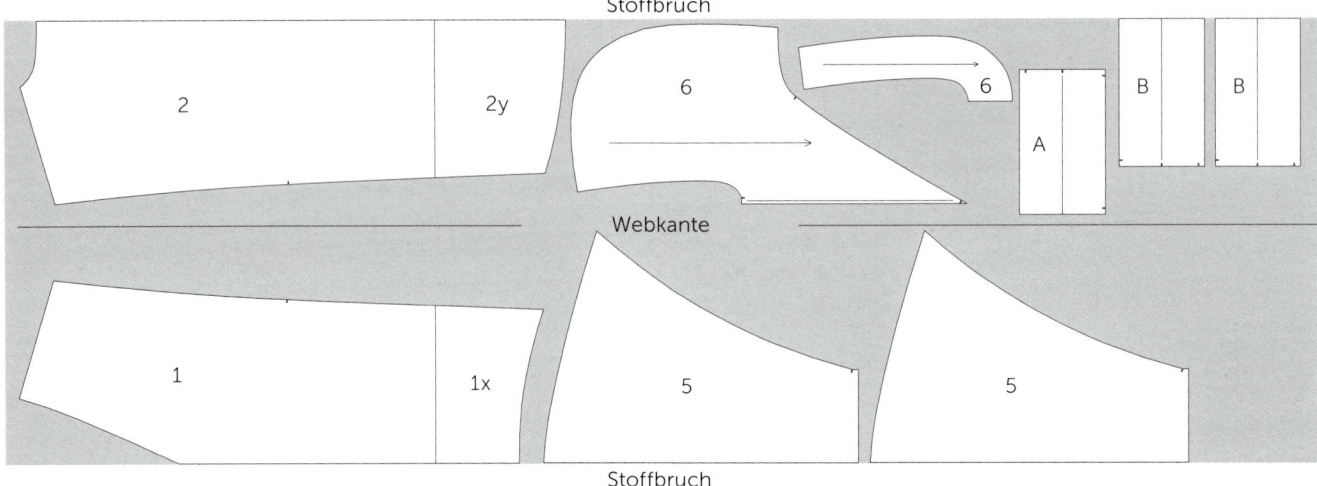

Stoffbruch

2   2y   6   6   A   B   B

Webkante

1   1x   5   5

Stoffbruch

Zuschneiden

Die Schnittteile der gewünschten Größe vom Bogen auf Papier kopieren und ausschneiden.

Bitte beachten: Vorderteil aus den Teilen 1 und 1x, Rückenteil aus den Teilen 2 und 2y zusammensetzen. Kapuzenbeleg 6 aus der Kapuze als Extra-Schnittteil kopieren.

Schnittbogen D in Rot

Größe: 34/36 ‹×××××××××××›
Größe: 38/40 —·—·—·—·—·—·—
Größe: 42/44 ——————————

Sweat-Jersey in den Doppelbruch legen und die Schnittteile gemäß Zuschneideplan auf dem Stoff positionieren. Als Nahtzugabe an allen Schnittkanten 1 cm zugeben.

• 1 + 1x Vorderteil
• 2 + 2y Rückenteil
• 5 Ärmel
• 6 Kapuze
• 6 Kapuzenbeleg

Nachfolgende Schnittteile sind mit Nahtzugabe angegeben:

• A Ärmelbund: 6 cm kürzer als Ärmelsaumweite, 14 cm breit (fertig 6 cm)
• B Saumbund: gesamt 6 cm kürzer als Saumweite, 14 cm breit (fertig 6 cm)

So wird's gemacht

1 Kapuze nähen: Kapuze links auf links legen und die Naht bei 1 cm schließen. Unbedingt darauf achten, dass die Schnittkanten deckungsgleich aufeinanderliegen! Die Nahtzugabe auseinanderdrücken und rechts und links der Naht fußbreit steppen. Die Schnittkanten werden nicht versäubert = used look Optik! Naht im Kapuzenbeleg ebenfalls links auf links schließen, Nahtzugabe auseinanderbügeln. Kapuzenbeleg links auf links an die

vordere Kapuzenkante legen und die Naht bei 1 cm nähen. Kapuzenbeleg nach rechts schlagen und den Umbruch (Nahtumbruch) scharf einbügeln. Die äußere Schnittkante des Kapuzenbelegs mit Stecknadeln auf der Kapuze feststecken und 0,5 cm ab Schnittkante aufsteppen. Reißverschluss arbeiten. Reißverschluss rechts auf rechts auf die vordere Mitte der Kapuze legen, Zähne zeigen zur Seite, nähen. Schrägband rechts auf links an das Reißverschlussband nähen. Reißverschluss und Schrägband nach innen legen und die Kante mit einem Leinentuch darüber glatt bügeln. Schrägband und Reißverschlussenden an oberer Kante nach innen schlagen, zwischen Kapuze und Schrägband, Schrägband an der Bruchkante in 2 cm Breite aufsteppen. Obere Kante knappkantig aufsteppen **1a 1b**.

2 Kapuze an Oberteil nähen:
Vorder -und Rückenteil links auf links legen und die Schulternähte bei 1 cm Nahtzugabe nähen. Nahtzugaben auseinanderbügeln und rechts und links der Naht fußbreit aufsteppen. Formband von links beidseitig 5 cm ab Ausschnittspitze auf die Halsausschnittkante bügeln, das Formband liegt an der Spitze doppelt. Die Nahtzugabe zur Spitze einschneiden **2**. Kapuze links auf links an den Halsausschnitt stecken, dabei darauf achten, dass jeweils die Schulterpunkte und die hintere Mitte aufeinandertreffen. Naht an der Spitze beginnend nähen. Die Nahtzugabe in das Oberteil bügeln.
Streifenband auf Länge des gesamten Halsausschnittes plus 2 cm Nahtzugabe

schneiden. Enden rechts auf rechts schräg zu einer Spitze schließen. Nahtzugabe auseinanderbügeln und die überstehende Nahtzugabe wegschneiden. Streifenband genau auf dem umgebügelten Nahtbruch mit Stecknadeln befestigen, Spitze liegt exakt auf der Ausschnittspitze, Streifenband knappkantig aufsteppen. Die äußerste Kante des Streifenbandes ebenfalls knappkantig aufsteppen.

3 Ärmel:
Ärmel links auf links auf die Armausschnittkanten des Oberteils legen, an den Enden und am Schulterpunkt stecken und die Naht bei 1 cm schließen. Nahtzugabe auseinanderdrücken und rechts und links der Naht fußbreit aufsteppen.

4 Ärmel- und Seitennähte schließen:
Ärmel- und Seitennähte rechts auf rechts legen und die Nähte bei 1 cm schließen. Nahtzugaben versäubern und ins Rückenteil bügeln.

5 Ärmel- und Saumbund:
Naht im Ärmelbund jeweils links auf links schließen und die Nahtzugaben auseinanderbügeln. Ärmelbund jeweils rechts auf rechts in den Umbruch legen und die Schnittkanten offenkantig zusammensteppen. Ärmelbund links auf rechts an die Ärmelsaumkante legen, Naht im Bund liegt exakt auf der Ärmelnaht, Ärmelbund leicht gedehnt annähen. Nahtzugaben versäubern und in den Ärmel bügeln.
Saumbund links auf links legen, Seitennähte schließen und die Nahtzugaben auseinanderbügeln. Saumbund rechts auf rechts in den Umbruch legen und

die Schnittkanten zusammensteppen. Saumbund links auf rechts an die Saumkante legen. Seitennähte liegen exakt aufeinander, Saumbund leicht gedehnt annähen. Nahtzugabe versäubern und in das Oberteil bügeln.

1a

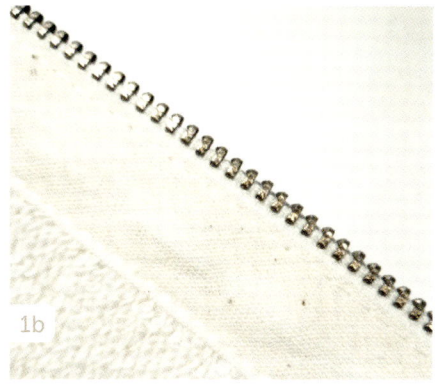

1b

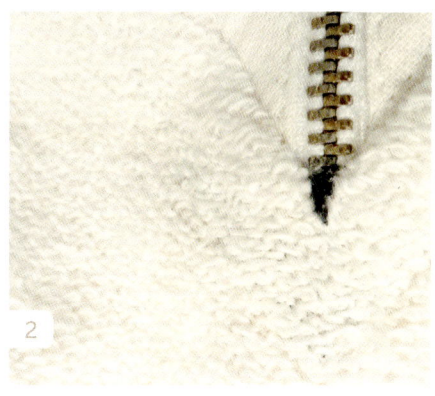

2

BARCELONA

Aquafarbener Hoodie

Größen: 34–44 • **Schwierigkeitsgrad:** ✂✂✂ • Schnittteile in Schwarz auf Bogen B

Sportiv mit süßer Raffinesse?
Legerer Hoodie aus ultraleichtem Viskose-Strick mit farblich abgesetzten
Designelementen – ein unentbehrlicher Überzieher!

Material

- Melange-Strick in Aquafarben (52 % Viskose, 22 % Polyamid, 26 % Polyester, 140 cm breit), 2 m
- Viskose-Jersey in Pink (95 % Viskose, 5 % Elasthan, 140 cm breit), 0,30 m
- Reißverschluss in Grün, 18 cm lang
- Farblich passendes Nähgarn

Kapuze mit
Reißverschluss

oversized
im Schnitt

überlange Ärmel
mit Zierband

seitlich
geschlitzt

Zuschneiden

Die Schnittteile der gewünschten Größe vom Bogen auf Papier kopieren und ausschneiden.

Bitte beachten: Vorderteil aus den Teilen 19 und 19x und Rückenteil aus den Teilen 20 und 20y zusammensetzen.

Schnittbogen B in Schwarz:

Größe: 34/36 ∘∘∘∘∘∘∘∘∘∘∘∘∘∘

Größe: 38/40 ‐·‐·‐·‐·‐·‐·‐

Größe: 42/44 —————————

Melange-Strick erst in den Doppelbruch legen (für Vorder- und Rückenteil, Kapuze, Taschen und Manschetten), dann auffalten und in einfacher Stofflage die Ärmel zuschneiden. Die Schnittteile gemäß Zuschneideplan auf dem Stoff positionieren. Als Nahtzugabe am Tascheneingriff 2 cm und an den restlichen Schnittkanten 1 cm zugeben.

- **19 + 19x** Vorderteil
- **20 + 20y** Rückenteil
- **9** Ärmel
- **10** Manschette
- **13** Kapuze
- **14** Tasche

Viskose-Jersey in ganzer Breite auslegen. Nachfolgende Schnittteile sind mit Nahtzugabe angegeben.

- **A** Streifen für Kapuzenmittelnaht 1x: Länge wie obere Kapuzenkante, 2 cm breit
- **B** Streifen für vordere Kapuzenkante 1x: Länge wie vordere Kapuzenkante, 2 cm breit
- **C** Halsausschnitt-Streifen 1x: Länge wie Halsausschnittkante, 2 cm breit
- **D** Schulter-Streifen 2x: Länge wie Schulternaht, 2 cm breit
- **E** Streifen für Armausschnittkante 2x: Länge wie Armausschnittkante, 2 cm breit
- **F** Taschen-Streifen 2x: Länge wie Tascheneingriff, 2,5 cm breit
- **G** vorderer Saumstreifen 1x: Länge wie vordere Saumkante, 2 cm breit
- **H** hinterer Saumstreifen 1x: Länge wie hintere Saumkante, 2 cm breit
- **I** Manschetten-Bänder 2x: 80 cm lang, 5 cm breit

So wird's gemacht

1 Kapuze nähen: Kapuze links auf links legen, so dass die Schnittkanten deckungsgleich aufeinanderliegen. Mit Stecknadeln feststecken und die Naht bei 1 cm schließen. Die Nahtzugabe mit den Händen auseinanderdrücken und rechts und links der Naht in gleichmäßigem Abstand knapp neben der Naht steppen. Nahtzugabe bis auf 0,5 cm gleichmäßig zurückschneiden. Den Streifen für die Kapuzenmittelnaht links auf rechts auf die Kapuzenmittelnaht legen, Nahtzugaben sind durch den Streifen komplett verdeckt, Streifen beidseitig 0,5 cm ab Schnittkante aufsteppen. Vordere Kapuzenkante 1 cm nach links bügeln und mit Stecknadeln befestigen. Den Streifen für die vordere Kapuzenkante rechts auf links so unter der vorderen Kapuzenkante befestigen,

Zuschneideplan

Webkante

Stoffbruch

| 20 | 20y | 14 | 10 | 10 |

Webkante

| 19 | 19x | 13 |

Stoffbruch

9

9

Webkante

dass die Streifenschnittkante 0,5 cm übersteht . Von rechts an der umgebügelten Bruchkante den Streifen aufsteppen. Von links bei 0,5 cm die andere Schnittkante des Streifens aufsteppen. Reißverschluss jeweils links auf links auf die vordere gerade Kapuzenkante legen, sodass die Schnittkanten der Kapuze deckungsgleich mit dem äußeren Reißverschlussband aufliegen. Mit Stecknadeln feststecken und mit einem Reißverschluss-Fuß nähen. Die genähte Naht sollte ca. 3 mm von den Reißverschlusszähnen entfernt parallel verlaufen. Naht bügeln. Reißverschluss nach außen legen. Die oberen Reißverschlussenden nach links zwischen Reißverschluss und Stoff legen und von rechts den Reißverschluss an der äußeren Kante des Reißverschlussbandes auf die Kapuze steppen 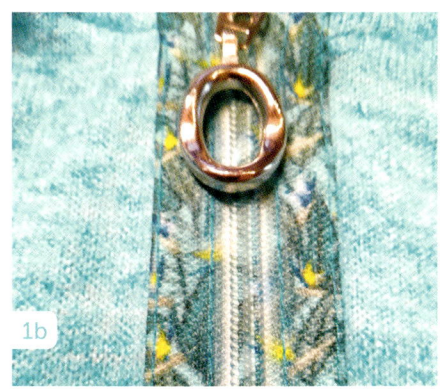.

2 Taschen: Die Schnittkanten des Tascheneingriffs versäubern und 2 cm nach links bügeln. Einen Taschen-Streifen unter den Tascheneingriff legen, so dass die Streifenschnittkante 0,5 cm übersteht. Von rechts an der umgebügelten Bruchkante den Streifen aufsteppen. Bei ca. 1,8 cm den Umbruch und den Streifen feststeppen **2**. Für die Tasche eine Schablone aus Pappe anfertigen (ohne Nahtzugabe). Die Tasche mit der rechten Seite auf das Bügelbrett legen, die Schablone darauf legen und die Nahtzugabe um die Schablone herum auf die Schablone bügeln.
Die Taschen an den Markierungspunkten des Vorderteils positionieren und mit Stecknadeln befestigen. Taschen knapp und fußbreit auf das Vorderteil steppen.

3 Schulternaht schließen: Schultern von Vorder- und Rückenteil links auf links aufeinanderlegen und die Nähte bei 1 cm schließen. Nähte auseinanderbügeln und rechts und links der Naht knappkantig steppen. Nahtzugabe auf 5 mm gleichmäßig zurückschneiden. Schulter-Streifen aufsteppen (siehe Streifen für Kapuzenmittelnaht).

4 **Kapuze an Oberteil nähen:**
Kapuze links auf links an den Halsausschnitt stecken, dabei darauf achten, dass die Schulterpunkte sowie die hintere und die vordere Mitte jeweils aufeinandertreffen. Naht nähen. Die Nahtzugabe in das Oberteil bügeln. Den Halsausschnittstreifen an den Enden rechts auf rechts zum Ring schließen. Nahtzugabe auseinanderbügeln. Streifen von rechts so auf die Nahtzugabe legen, dass er 0,5 cm über die Naht hinweg in der Kapuze liegt, Streifen ringsum feststecken. Streifen von links knappkantig an der Naht nähen. Nicht über Stecknadeln nähen, diese kurz vorher entfernen! Von rechts bei 0,5 cm die andere Schnittkante des Streifens auf das Oberteil steppen.

5 **Ärmel einnähen:** Ärmel links auf links auf die Armausschnittkanten legen, so dass die Schnittkanten deckungsgleich aufeinanderliegen. Die Naht bei 1 cm schließen, Nahtzugaben auseinanderbügeln. Rechts und links der Naht knappkantig steppen. Nahtzugabe auf 0,5 cm zurückschneiden. Einen Streifen für die Armausschnittkante aufsteppen (siehe Streifen für Kapuzenmittelnaht).

6 **Ärmel- und Seitennaht schließen:**
Beim Vorder- und Rückenteil, jeweils ab dem Markierungspunkt für die Schlitze die seitlichen Kanten, und fortlaufend an den Ärmeln die Schnittkanten versäubern. Vorder- und Rückenteil (inklusive Ärmel) rechts auf rechts legen, mit Stecknadeln feststecken, die Nähte schließen und versäubern. Naht wird nur bis zur Schlitz-Markierung

geschlossen. Darauf achten, dass die Viskose-Jersey-Streifen der Ärmeleinsatznaht passgenau aufeinandertreffen und eine fortlaufende Linie bilden **6**. Die Ärmel- und Seitennähte nach hinten bügeln (inklusive der Schlitzkante des Rückenteils).

7 **Saum.** Vordere und hintere Saumkanten versäubern und 1 cm nach links bügeln Den vorderen und hinteren Saumstreifen rechts auf links so unter dem Umbruch der Saumkanten legen und mit Stecknadeln befestigen, dass die Streifenschnittkante 0,5 cm übersteht. Von rechts an der umgebügelten Bruchkante den Streifen aufsteppen. Von links Saum- und Streifenschnittkante knappkantig auf das Oberteil steppen.

8 **Manschetten:** Alle vier Manschetten jeweils rechts auf rechts legen, Seitennaht ab Schlitzmarkierung schließen. Nahtzugabe auseinanderbügeln. Jeweils zwei Manschetten rechts auf rechts legen, untere Kanten und Schlitzkanten zusammennähen. Nahtzugaben an den Ecken schräg zurückschneiden. Manschetten auf rechts wenden, Kanten ausbügeln. Untere Kante und Schlitzkanten fußbreit absteppen **8**.
Offene Schnittkanten links auf links zusammensteppen. Manschetten rechts auf rechts an die Ärmelsaumkanten nähen, die Seitennähte von Ärmel und Manschette müssen exakt aufeinandertreffen. Nahtzugabe versäubern und in den Ärmel bügeln.

9 **Manschettenbänder:** Streifen so weit straff ziehen, dass sich die Längskanten einrollen. Enden verknoten. Jeweils die Mitte eines Streifens am Ende einer Ärmelnaht von außen feststeppen.

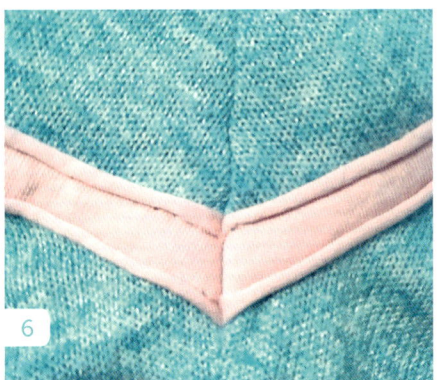

Tipp: Die Nähte bei Jersey und elastischen Geweben immer in leicht gedehntem Zustand nähen, sonst reißt bei Spannung der Faden sehr schnell.

OSLO

Dunkelblauer Hoodie mit Reißverschluss

Größen: 34-44 • **Schwierigkeitsgrad:** ✂✂✂ • Schnittbogen B in Rot

Neues Lieblingsteil?
Sportliches Hoodie-Kleid aus jeansblauem Sweatstoff mit Zwei-Wege Reißverschluss und
offenkantigem Saum. Als Long-Jacket über allem tragbar oder auch solo als Kleid.

Material

- Baumwoll-Jersey in Dunkelblau
  (100 % Baumwolle, 150 cm breit), 1,70 m
- Streifen-Jersey in Pink-Grau
  (95 % Baumwolle, 5 % Elasthan, 150 cm breit), 1,20 m
- Reißverschluss in Dunkelblau, 73 - 74 - 75 cm lang
- Kontrastierendes Nähgarn

Zwei-Wege Reißverschluss

figurnah

normal eingesetzte Ärmel mit Bund

aufgesetzte Eingriffstaschen

Zuschneiden

Die Schnittteile der gewünschten Größe vom Bogen auf Papier kopieren und ausschneiden.

Schnittbogen B in Rot

Größe: 34/36 ----------

Größe: 38/40 ×××××××××××

Größe: 42/44 ─────────

Schnittteile:

- 3 Vorderteil
- 4 Rückenteil
- 15 Ärmel
- 16 Kapuze
- 7 Tasche

Baumwoll-Jersey und Streifen-Jersey jeweils in den Bruch legen, sodass Webkante auf Webkante liegt, bei dem Streifen-Jersey darauf achten, dass die Streifen exakt aufeinanderliegen. Die Schnittteile gemäß Lageplan auf dem Stoff positionieren.

Als Nahtzugabe bei den Schnittteilen an allen Schnittkanten 1 cm zugeben. Nachfolgende Schnittteile sind mit Nahtzugabe angegeben:

- A Ärmelbund: 2 cm kürzer als Ärmelsaumweite, 12 cm breit (fertig 5 cm)
- B Saumstreifen: Länge wie gesamte Saumkante, 2 cm breit
- C Streifen für vordere Kante: Länge wie vordere Kante, 2 cm breit
- D Halsausschnitt-Streifen: Länge wie Halsausschnittkante, 3 cm breit
- E Taschen-Streifen: Länge wie Tascheneingriffkante, 3 cm breit

So wird's gemacht

1 Kapuze nähen: Die äußeren und inneren Kapuzenteile jeweils rechts auf rechts legen, so dass die

Zuschneideplan

Baumwoll-Jersey in Dunkelblau

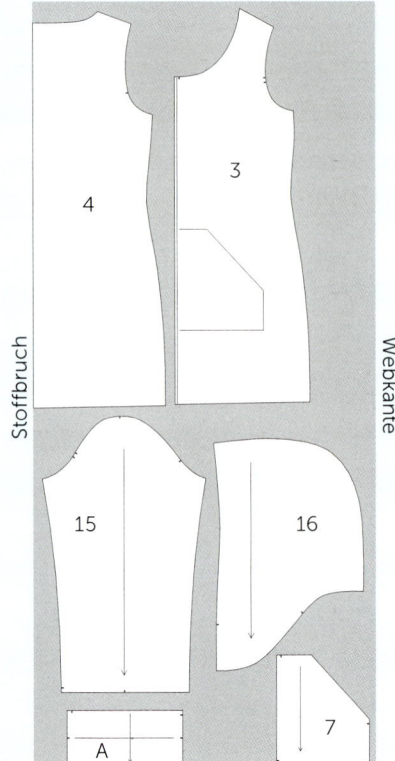

Streifen-Jersey in Pink-Grau

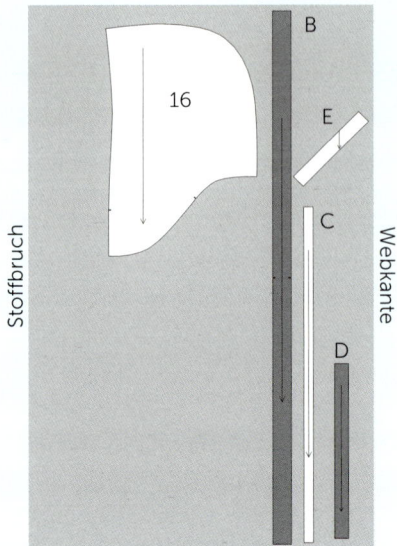

Schnittkanten deckungsgleich aufeinanderliegen. Mit Stecknadeln feststecken. Bei der inneren gestreiften Kapuze auf das Muster achten. Streifen müssen exakt aufeinanderliegen **1**. Die Naht bei 1 cm schließen. Nahtzugabe in eine Richtung bügeln und die Naht von rechts knapp und fußbreit absteppen. Äußere und innere Kapuze rechts auf rechts an den vorderen Schnittkanten aufeinanderlegen, mit Stecknadeln feststecken und die Naht nähen.

Kapuze auf die rechte Seite wenden, die vordere Kapuzenkante in den Nahtbruch bügeln und fußbreit absteppen. Kapuzen nochmals 2,5 cm ab Kante zusammensteppen. Die Halsausschnittkanten beider Kapuzen links auf links aufeinanderlegen und zusammennähen.

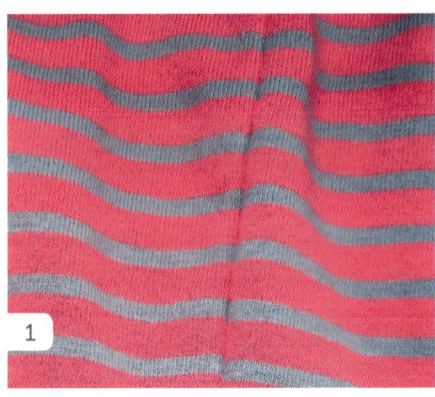

2 Taschen: Die Schnittkanten vom Tascheneingriff versäubern und 1 cm nach links bügeln. Den Taschen-Streifen unter den Tascheneingriff legen, so dass die Streifenschnittkante 0,5 cm übersteht. Von rechts an der umgebügelten Bruchkante den Streifen aufsteppen. Von links den Streifen 0,5 cm ab Streifenschnittkante aufsteppen **2a**. Die obere Schnittkante und die seitliche Schnittkante vom Tascheneingriff 1 cm nach links bügeln, vordere Kante bleibt liegen, Taschenboden bleibt als offene Schnittkante **2b**. Die Taschen an den Markierungspunkten vom Vorderteil links auf rechts auflegen und mit Stecknadeln befestigen. Taschen knapp und fußbreit auf das Vorderteil steppen **2c**.

3 Schulternaht schließen: Schulter von Vorder- und Rückenteil links auf links aufeinanderlegen und die Näht bei 1 cm schließen. Nähte auseinanderbügeln und rechts und links der Naht knappkantig steppen.

4 Kapuze an das Halsloch nähen: Kapuze rechts auf rechts an den Halsausschnitt stecken, dabei darauf achten, dass Schulterpunkte und hintere Mitte aufeinanderliegen. Naht nähen. Die Nahtzugabe in das Oberteil bügeln. An die Nahtzugabe rechts auf rechts den Halsausschnitt-Streifen nähen. Streifen um die Nahtzugabe herum nach links schlagen und von rechts im Nahtschatten festnähen. Streifen an der Bruchkante knapp auf das Oberteil steppen **4**.

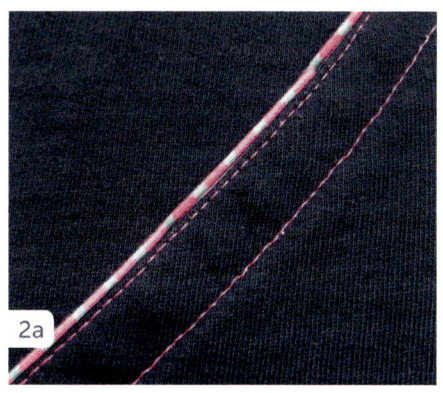

2a

2b

2c

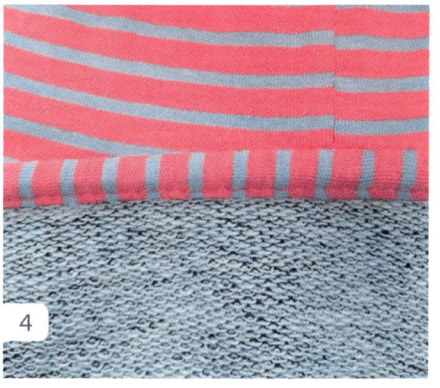

4

5 Seitennähte schließen: Die Vorderteile rechts auf rechts auf das Rückenteil legen, so dass die Seitenschnittkanten deckungsgleich aufeinanderliegen. Seitennähte bei 1 cm schließen, Nahtzugaben versäubern und ins Rückenteil bügeln. Die Nähte von rechts knapp und fußbreit absteppen.

6 Saum: Den Saumstreifen links auf links auf die Saumkante legen, ca. 0,7 cm ab unversäuberter Saumschnittkante, und mit Stecknadeln feststecken. Saumstreifen beidseitig knappkantig auf das Oberteil steppen **6**.

7 Ärmel: Ärmel an den Längsschnittkanten jeweils rechts auf rechts deckungsgleich aufeinanderlegen und die Naht bei 1 cm schließen. Die Nahtzugabe versäubern und nach hinten bügeln.

8 Ärmelbund: Naht im Ärmelbund jeweils rechts auf rechts schließen und die Nahtzugaben auseinanderbügeln. Ärmelbund jeweils links auf links in den Umbruch legen und die Schnittkanten zusammensteppen. Ärmelbund rechts auf rechts an die Ärmelsaumkante legen, Naht im Bund liegt exakt auf der Ärmelnaht, Ärmelbund leicht gedehnt annähen. Nahtzugaben versäubern und in den Ärmel bügeln.

9 Ärmel einnähen: Beim Einsetzen des Ärmels in das Armloch immer darauf achten, dass der rechte Ärmel in das rechte Armloch und der linke in das linke Armloch genäht wird! Die Ärmelnaht liegt rechts auf rechts exakt

auf der Seitennaht. Ärmel und Armloch mit Stecknadeln feststecken und bei 1 cm nähen. Nahtzugaben versäubern.

10 Reißverschluss einnähen: Reißverschluss rechts auf rechts auf die vorderen Kanten legen, ab Markierung in der Kapuze bis Markierung im Vorderteil, Zähne zeigen zur Seitennaht, mit Stecknadeln feststecken, dabei darauf achten, dass die Taschenkanten und die Kapuzenansatznaht beim Schließen des Reißverschlusses exakt auf einer horizontalen Linie liegen. Reißverschluss annähen. Anfang und Ende gut verriegeln. Reißverschluss schließen und kontrollieren, ob die Taschen- und Kapuzenkanten aufeinandertreffen **10a** **10b**. Nahtzugabe mit einem Bügeltuch in das Oberteil bügeln. Obere Reißverschlussenden nach links schlagen und am Reißverschluss feststeppen. Den Streifen für die vordere Kante links auf links auf das Reißverschlussband legen und mit Stecknadeln feststecken. Von rechts knapp und fußbreit die gesamte Strecke steppen. Achtung! Nicht über die Stecknadeln nähen, diese vorher herausziehen. Von links die überstehenden Schnittkanten des Streifens auf ca. 0,3 cm zurückschneiden **10c**.

6

10a

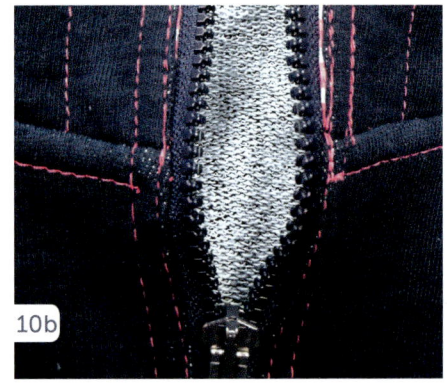

10b

10c

WIEN

Ecrufarbener Hoodie mit Streifeneinsätzen

Größen: 36–42 • **Schwierigkeitsgrad:** ✂✂✂ • Schnittbogen C in Schwarz

So lässig und leicht – zum Abheben!
Hoodie-Minikleid mit raffinierter Schnittführung, hervorgehoben durch die Kombination der
Materialien. Edle Gewebestruktur und trendiger Streifenjersey verpackt im frechen Style.

Material

- Baumwoll-Stoff in Ecru (50 % Viskose, 50 % Viskose, 140 cm breit), 2 m
- Streifen-Jersey in Grau/Ecru (95 % Viskose, 5 % Elasthan, 140 cm breit), 0,60 m
- Reißverschluss in Grau, 18 cm lang
- Baumwollschrägband in Ecru (40/20 mm breit), 1 m
- Gummiband in Weiß (3 mm breit), 1,10 m
- Farblich passendes Nähgarn

schmal
geschnitten

überlange Ärmel
mit Bindeband

Saumbund
mit Gummizug

Zuschneiden

Die Schnittteile der gewünschten Größe vom Bogen auf Papier kopieren und ausschneiden.

Bitte beachten: Das seitliche Vorderteil 17 aus dem Vorderteil 17 und den Ärmeltunnel 10 aus dem Ärmel 10 als Extra-Schnittteil kopieren.

Schnittbogen C in Schwarz

Größe: 36 · — — — ·
Größe: 38 """"""""""""
Größe: 40 · — · — · — · — ·
Größe: 42 ——————

Schnittteile:

- **17** Vorderteil
- **17** seitliches Vorderteil
- **18** Rückenteil
- **10** Ärmel
- **10** Ärmeltunnel
- **3** Ärmelvolant
- **4** Kapuze

Baumwollstoff und Streifen-Jersey in den Bruch legen, sodass Webkante auf Webkante liegt. Die Schnittteile gemäß Lageplan auf dem Stoff positionieren. Als Nahtzugabe bei den Schnittteilen an allen Schnittkanten 1 cm zugeben. Nachfolgende Schnittteile sind mit Nahtzugabe angegeben:

- **A** Saumbund: Länge wie vordere und hintere Saumkante, 14 cm breit (fertig 6 cm)
- **B** Ärmel-Band: 40 cm lang, 5 cm breit

Zuschneideplan

Baumwollstoff

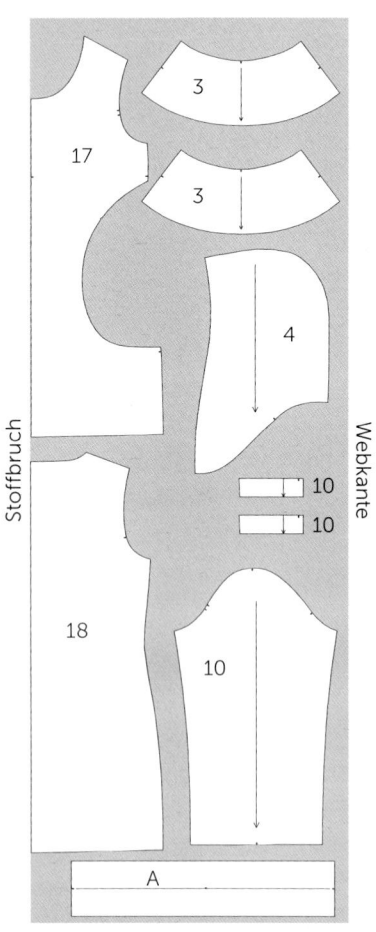

Streifen-Jersey

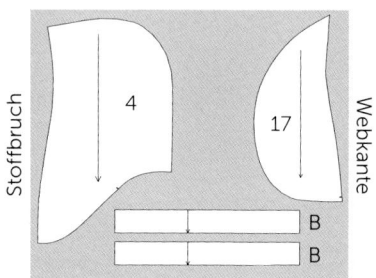

So wird's gemacht

1 Kapuze nähen: Die äußeren und inneren Kapuzenteile jeweils rechts auf rechts legen, so dass die Schnittkanten deckungsgleich aufeinanderliegen. Mit Stecknadeln feststecken. Bei der äußeren gestreiften Kapuze auf das Muster achten. Streifen müssen exakt aufeinanderliegen. Die Naht bei 1 cm schließen. Nahtzugabe in eine Richtung bügeln und die Naht von rechts knapp und fußbreit absteppen. Äußere und innere Kapuze rechts auf rechts an den vorderen Schnittkanten aufeinanderlegen, mit Stecknadeln feststecken und die Naht nähen. Kapuze auf die rechte Seite wenden, die vordere Kapuzenkante in den Nahtbruch bügeln und knapp und fußbreit absteppen **1**.

Die Halsausschnittkanten beider Kapuzen links auf links aufeinanderlegen und zusammennähen.

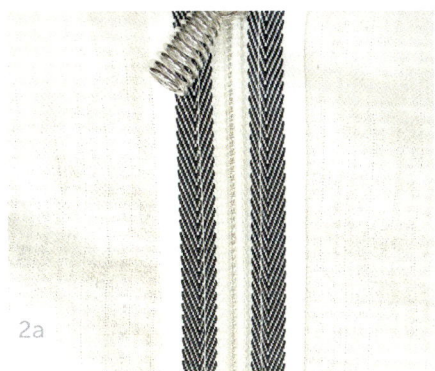

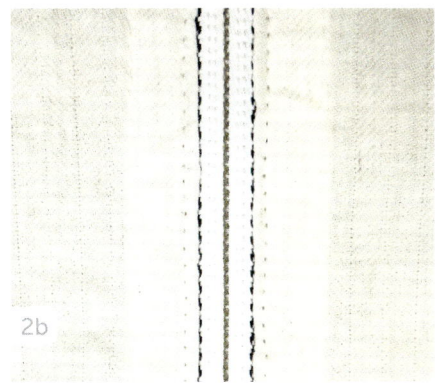

2 Reißverschluss in vordere Mitte nähen: Die vordere Mitte in den Bruch legen, so dass die Seitenschnittkanten aufeinanderliegen. Vom Halsloch nach unten ca. 20 cm den Bruch einbügeln. Vorderteil auseinanderfalten und das Ende des Reißverschlusses mittig rechts auf rechts auf den Markierungspunkt legen (der Reißverschluss liegt ab Markierung in Richtung der Saumkante). Das Ende des Reißverschluss-Bandes quer auf den Stoff steppen und gut verriegeln. Den Reißverschluss nach oben klappen und die verstürzte Naht mit einem Bügeltuch und Dampf bügeln.

Reißverschluss mit Stecknadeln feststecken, Reißverschlussmitte liegt genau auf dem eingebügelten Bruch. Das Reißverschluss-Band an der äußeren Kante beidseitig knapp auf den Stoff steppen 2a. Von links den Bruch einschneiden (bis 2 cm oberhalb des Reißverschluss-Endes) und dann schräg bis knapp vor dem Nahtende einschneiden. Sichtbares Reißverschlussband knappkantig abschneiden. Die Nahtzugabe einschlagen und mit ein paar Handstichen Stoff und Reißverschluss verbinden. Eingeschnittene Bruchkante einschlagen und schmalkantig rechts und links steppen 2b.

3 Streifeneinsatz im Vorderteil einsetzen: Rechts auf rechts an den Markierungspunkten vom Streifeneinsatz und Vorderteil die Schnittkanten aufeinanderlegen und feststecken. Die Naht nähen und versäubern. Nahtzugabe in das Vorderteil bügeln und knapp und fußbreit absteppen.

4 Schulter und Seitennähte schließen: Vorder- und Rückenteil rechts auf rechts an der Schulter und den Seitenschnittkanten deckungsgleich auflegen und feststecken. Schulter- und Seitennähte bei 1 cm schließen. Nahtzugaben versäubern und in das Rückenteil bügeln. Nähte von rechts knapp und fußbreit absteppen.

5 Kapuze an Oberteil nähen: Äußere Streifen-Kapuze rechts auf rechts an die Halsausschnittkante legen, zusätzlich das aufgeklappte Schrägband an die Kapuzenkante legen, mit Stecknadeln die Strecke feststecken. Am Anfang und Ende des Ausschnittes steht die Nahtzugabe vom Band über. Naht in der Bruchkante des Schrägbandes nähen. Das überstehende Schrägband an Nahtanfang- und Ende um die Nahtzugabe herum nach innen schlagen und gleichzeitig das Schrägband um die Nahtzugabe herum nach innen legen und von oben im Nahtschatten das Band feststeppen. Nahtzugabe vom Schrägband bis knapp an der genähten Naht zurückschneiden. Eingefasste Nahtzugabe in das Oberteil bügeln und das Schrägband knapp an der Bruchkante auf das Oberteil steppen.

6 Saumbund: Beide Saumbündchen rechts auf rechts legen und die Seitennähte bei 1 cm schließen. Nahtzugaben auseinanderbügeln. Bund links auf links zur Hälfte legen und die Bruchkante einbügeln. Schnittkante des äußeren Bundes 1 cm nach links bügeln. Den Bund aufklappen und die Strecken des vorderen und hinteren Bundes jeweils durch sechs teilen und mit Stecknadeln im äußeren Bund 3 cm ab Bruchkante markieren. Mit dem Gummiband genauso verfahren und ebenfalls mit Stecknadeln markieren. Markierte Stellen vom Gummi und Bund aufeinander stecken und Gummiband punktuell festnähen **6**, auch an den Seitennähten. Gut verriegeln.

7 Saumbund an Oberteil nähen: Den inneren Saumbund rechts auf links an die Saumkante des Oberteils legen, die Seitennähte von Saumbund und Oberteil liegen exakt aufeinander, mit Stecknadeln feststecken, Naht nähen **7a**. Nahtzugabe in den Bund bügeln. Äußeren Bund von rechts an der eingebügelten Kante knapp auf die Ansatznaht steppen **7b**.

8 Ärmeltunnel: Alle Schnittkanten versäubern. Kurze, in der Ärmelmitte liegenden Schnittkanten 1 cm nach links bügeln und feststeppen. Obere Kante des Ärmeltunnels ebenfalls 1 cm nach links bügeln. Ärmeltunnel links auf rechts wie im Ärmel markiert auf die Ärmelsaumkante legen, untere und seitliche Schnittkanten liegen deckungsgleich aufeinander, mit Stecknadeln feststecken (die Öffnung liegt an der Ärmelmitte). Obere Tunnelkante knappkantig aufsteppen, untere Schnittkanten zusammennähen .

9 Ärmelbänder arbeiten: Den Jersey-Streifen so straff ziehen, dass sich der Streifen einrollt. Bänder mit Hilfe einer Sicherheitsnadel über die Öffnung in der Ärmelmitte jeweils in die Ärmeltunnel ziehen und an den äußeren Ärmelschnittkanten feststeppen. Sichtbare Enden verknoten.

10 Ärmelnähte schließen: Die Ärmel an den Längsschnittkanten jeweils rechts auf rechts deckungsgleich aufeinanderlegen und die Nähte bei 1 cm schließen. Die Ärmeltunnel liegen exakt aufeinander. Nahtzugaben versäubern und nach hinten bügeln.

11 Ärmelvolant: Jeweils zwei Ärmelvolants rechts auf rechts an allen Schnittkanten exakt aufeinanderlegen und mit Stecknadeln feststecken. Schlitzkanten ab Markierung und äußere Kanten nähen **11a**. Ärmelvolants auf rechts wenden, und die Nähte in den Nahtbruch bügeln. Genau am Markierungspunkt vom Schlitz bis zur Ansatznaht die innere und äußere Manschette rechts auf rechts zum Kreis schließen, Nahtzugaben auseinanderbügeln. Offene Volantschnittkanten links auf links zusammensteppen. Schlitz und äußere Manschettenkante knapp absteppen **11b**. Manschette rechts auf rechts an Ärmelsaumkante stecken, Ärmelnaht und Manschettennaht müssen exakt aufeinandertreffen, Naht schließen und versäubern **11c**.

12 Ärmel einnähen: Beim Einsetzen des Ärmels in das Armloch immer darauf achten, dass der rechte Ärmel in das rechte Armloch und der linke in das linke Armloch genäht wird! Die Ärmelnaht liegt rechts auf rechts exakt auf der Seitennaht. Ärmel und Armloch mit Stecknadeln feststecken und bei 1 cm nähen. Nahtzugaben versäubern.

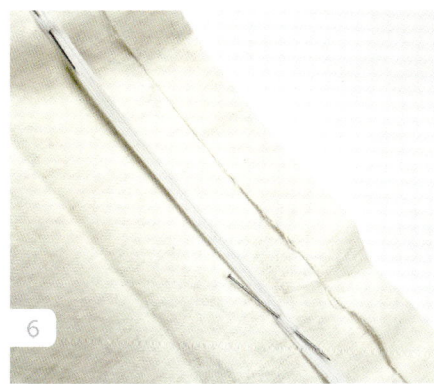

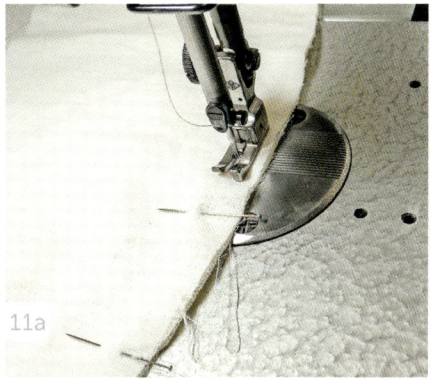

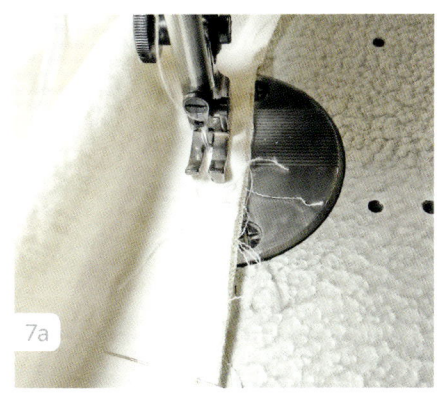

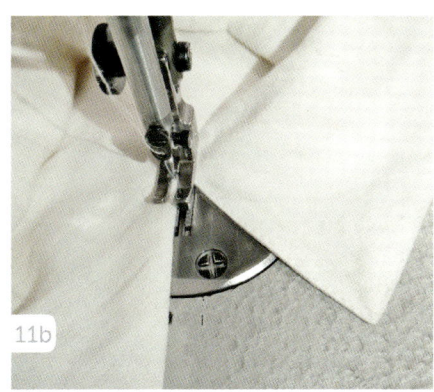

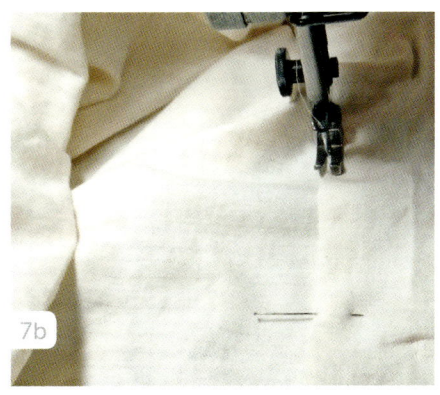

KOPENHAGEN

Korallefarbenes Hoodie-Kleid mit Rüschen

Größen: 34–44 • **Schwierigkeitsgrad:** ✂ ✂ • Schnittbogen D in Rot

Auffallend modisch!
Hier trifft knallige Farbe auf verspielte Feminität. Sommerliches Minikleid, weich-fließend
in der Bewegung mit angesetzter Saum- und Ärmelrüsche.

Material

- Viskose-Jersey in Koralle (94 % Viskose, 6 % Elasthan, 150 cm breit), 1,80 - 1,80 - 2,00 m
- Gemusterter Baumwoll-Voile (100 % Baumwolle, 145 cm breit), 0,50 m
- Farblich passendes Nähgarn

Zuschneiden

Die Schnittteile der gewünschten Größe vom Bogen auf Papier kopieren und ausschneiden.

Schnittbogen D in Rot

Größe: 34/36 ── ── ── ──

Größe: 38/40 ·············

Größe: 42/44 ─────────

Schnittteile:

- **9** Vorderteil
- **10** Seitenteil
- **14** Rückenteil
- **19** Armrüsche
- **22** Kapuze

Viskose-Jersey erst in den Doppelbruch (für Seitenteile, Vorder- und Rückenteil) und dann in den Bruch legen, sodass Webkante auf Web- kante liegt. **Baumwoll-Voile** ebenfalls in den Bruch legen.

Die Schnittteile gemäß Lageplan auf dem Stoff positionieren.

Als Nahtzugabe bei den Schnittteilen an allen Schnittkanten 1 cm zugeben.

Zuschneideplan

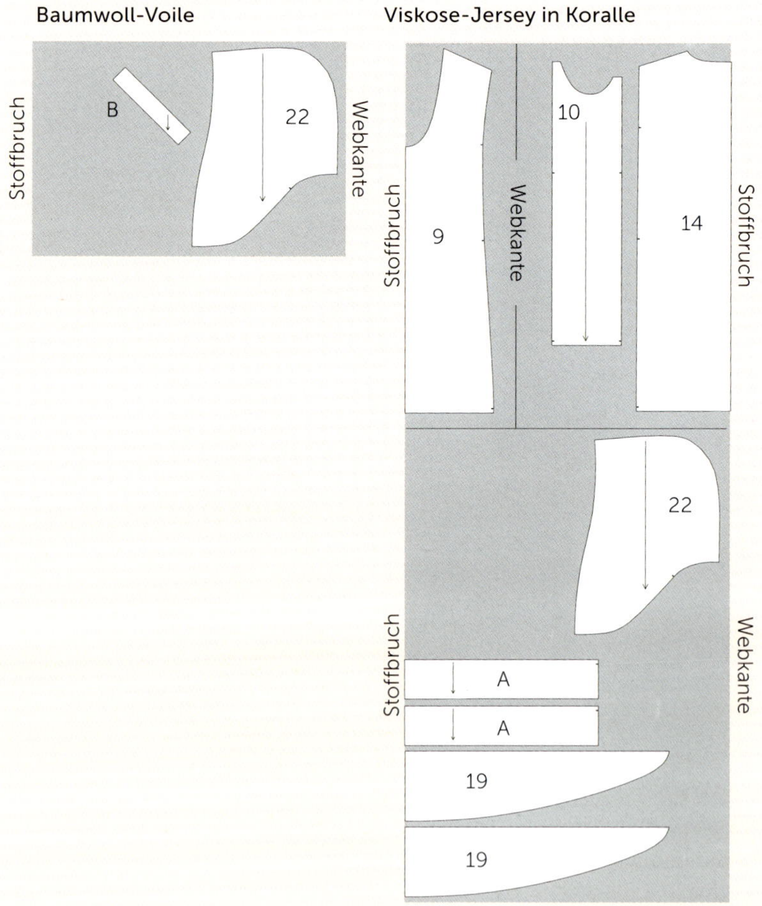

Baumwoll-Voile

Viskose-Jersey in Koralle

Ärmelrüsche

figurumspielend

Saumrüsche

Nachfolgende Schnittteile sind mit Nahtzugabe angegeben:

- A Saumrüsche: zweifache Saumweite des Oberteils, 9 cm breit.
- B Armloch-Einfass: Länge wie Armloch im Seitenteil, 4 cm breit (schräger Fadenlauf).

So wird's gemacht

1 **Kapuze nähen:** Die äußeren und inneren Kapuzenteile jeweils rechts auf rechts legen, so dass die Schnittkanten deckungsgleich aufeinanderliegen. Mit Stecknadeln feststecken. Die Naht bei 1 cm schließen. Nahtzugabe in eine Richtung bügeln und die Naht von rechts knapp und fußbreit absteppen. Äußere und innere Kapuze rechts auf rechts an den vorderen Schnittkanten aufeinanderlegen, dabei darauf achten, dass die Kapuzennähte exakt aufeinander liegen, mit Stecknadeln feststecken und die Naht nähen. Kapuze auf die rechte Seite wenden und die vordere Kapuzenkante in den Nahtbruch bügeln. Kante knapp absteppen. Die Halsausschnittkanten beider Kapuzen links auf links aufeinanderlegen und zusammennähen.

2 **Schulternähte schließen:** Das Vorderteil rechts auf rechts auf das Rückenteil legen, so dass die Schulterschnittkanten deckungsgleich aufeinanderliegen. Schulternähte bei 1 cm schließen, Nahtzugaben versäubern und ins Rückenteil bügeln. Die Nähte von rechts fußbreit absteppen.

3 **Kapuze an Oberteil nähen:** Kapuze rechts auf rechts an den Halsausschnitt legen, darauf achten, dass Schulterpunkte, hintere und vordere Mitte aufeinander liegen, mit Stecknadeln feststecken. Naht bei 1 cm nähen, Nahtzugabe versäubern und in das Oberteil bügeln. Nahzugabe von rechts fußbreit auf das Oberteil steppen.

4 **Armrüsche arbeiten:** Die äußere gerundete Schnittkante mit der Maschine rollieren oder mit kleinem, engen Stich versäubern.
Die geraden Strecken der Armrüsche auf die Länge der Markierung im Vorder- und Rückenteil einkräuseln. Dafür an diesen Schnittkanten zwei Nähte nähen. Die erste Naht fußbreit von der Schnittkante **4a** und die zweite Naht fußbreit unterhalb der ersten **4b**. Für beide Nähte eine etwas größere Stichlänge wählen **4c** und am Nahtanfang und am Nahtende die Fäden hängen lassen. Am Nahtanfang beide Nähfäden miteinander verknoten. Am Nahtende beide Unterfäden gleichmäßig solange zusammenziehen **4d**, bis die Armrüsche die Länge laut Markierung hat, und dabei kleine Kräuselfältchen entstehen. Diese Nähfäden ebenfalls verknoten. Die Kräuselung gleichmäßig auf die gesamte Strecke der Armrüsche verteilen **4e**. Die Armrüschen jeweils rechts auf rechts auf die Seitenkanten von Vorder- und Rückenteil laut Markierung legen und mit Stecknadeln feststecken **4f**. Armrüsche annähen. Auf der Kräuselung mittig nähen **4g**, so dass noch kleine Korrekturen vorgenommen werden können, sofern sich die Kräuselung etwas verschiebt!

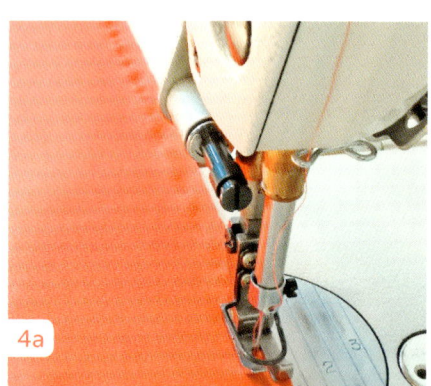

4a

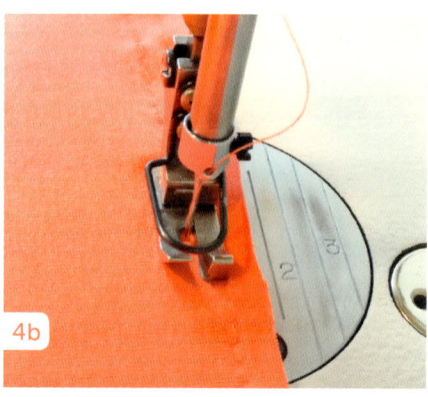

4b

4c

4d

5 **Armlochschnittkante im Seitenteil einfassen:** Die Schnittkante vom Armloch-Einfass rechts auf links auf die Armlochschnittkante legen, Schnittkanten liegen deckungsgleich aufeinander, mit Stecknadeln befestigen und bei 1 cm nähen. Den Einfass-Streifen um die Nahtzugabe herum nach außen legen und mit eingeschlagener Schnittkante den Einfass-Streifen auf die Ansatznaht stecken. Armloch-Einfass von rechts an der Bruchkante knappkantig auf das Seitenteil steppen. Eingefasste Kante bügeln.

6 **Seitenteile, inklusive Armrüsche, einsetzen:** Die Seitenteile rechts auf rechts auf die Schnittkanten des Vorder- und Rückenteils bis zu den Markierungspunkten legen und mit Stecknadeln befestigen, die Armrüsche liegt dazwischen, Nähte bei 1 cm schließen. Nahtzugaben versäubern und die Kräuselfäden der Armrüsche entfernen. Nahtzugaben in das Vorder- bzw. Rückenteil bügeln und von rechts fußbreit absteppen.

7 **Saumrüsche:** Die unteren Schnittkanten der Saumrüsche mit der Maschine rollieren oder mit kleinem, engem Stich versäubern. Die oberen Schnittkanten der Saumrüsche auf die Saumweite des Oberteils einkräuseln, siehe Armrüsche. Saumrüschen rechts auf rechts legen, Seitennähte bei 1 cm schließen. Nahtzugaben versäubern und nach hinten bügeln.

8 **Saumrüsche mit Oberteil verbinden:** Saumrüsche rechts auf rechts an die Saumkante des Kleides legen, feststecken und annähen; siehe Armrüsche. Nahtzugabe in das Oberteil bügeln.

> *Tipp:* Damit die Kräuselung der Rüsche nicht in kleine Fältchen platt gebügelt wird, die Rüsche an der Kante eines Ärmelbügelbrettes nach unten hängen lassen und nur das glatte Teil bügeln.

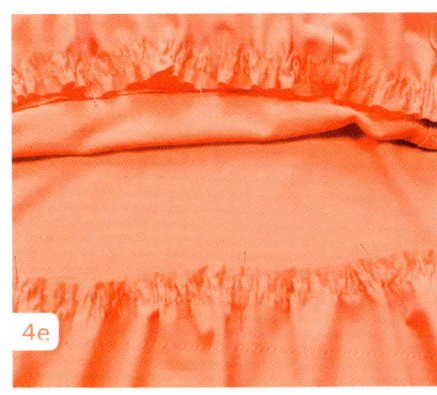
4e

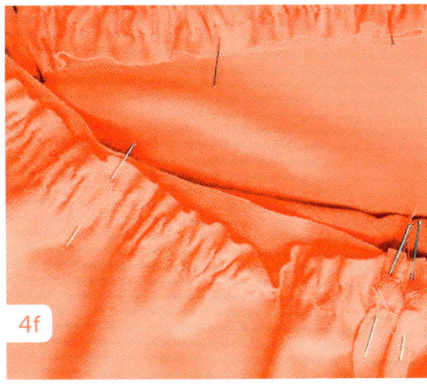
4f

4g

REYKJAVIK

Dunkelgrünes Hoodie-Kleid

Größen: 34–44 • **Schwierigkeitsgrad:** ✂✂ • Schnittbogen C in Rot

Unkompliziert und angezogen!
Unentbehrlich ist dieses Hoodie-Kleid im Cargo Look, luftig weit mit großen
aufgesetzten Taschen und farblich abgesetzter Kapuze – ein Eyecatcher.

Material

- Viskose-Jersey in Dunkelgrün (72 % Viskose,
  23 % Baumwolle, 5 % Metall, 170 cm breit), 1,60 m
- Viskose-Jersey in Orange (94 % Viskose, 6 % Elasthan,
  150 cm breit), 0,20 m
- Öse, silberfarben, 2 Stück
- Farblich passendes Nähgarn

Zuschneiden

Die Schnittteile der gewünschten Größe vom
Bogen auf Papier kopieren und ausschneiden.
Schnittbogen C in Rot

Größe: 34/36 — · — — — · —
Größe: 38/40 ·∘·∘·∘·∘·∘·∘·∘·∘·∘·∘·
Größe: 42/44 ——————————

Schnittteile:

- **5** Vorderteil
- **6** Rückenteil
- **11** Ärmel
- **12** Kapuze
- **13** Tasche
- **14** Rock

Dunkelgrünen Viskose-Jersey in den Bruch
legen, sodass Webkante auf Webkante liegt. Die
Schnittteile gemäß Lageplan auf dem Stoff positionieren.
Als Nahtzugabe am Saum und am Ärmelsaum
4 cm, am Tascheneingriff 2 cm, an allen restlichen
Kanten 1 cm zugeben.

Zuschneideplan

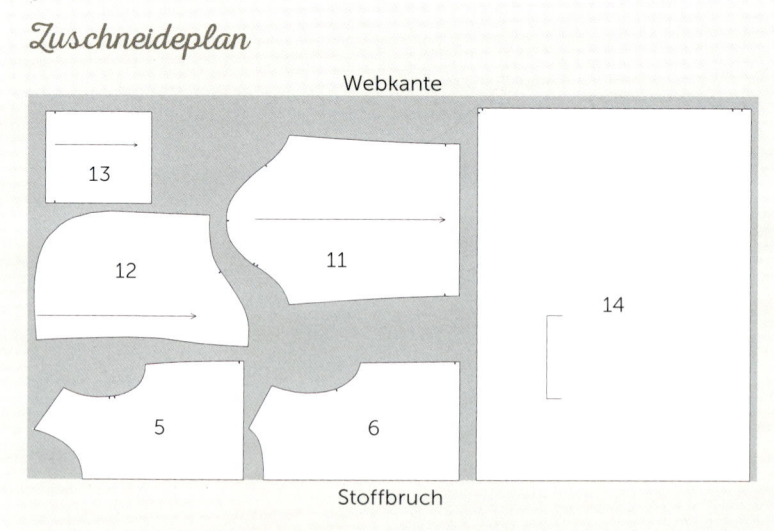

Webkante

13 · 12 · 11 · 14 · 5 · 6

Stoffbruch

Ärmel in 3/4 Länge

angesetzter Rock
mit Kräuselung

weit im
Schnitt

kniebedeckend

Orangefarbenen Viskose-Jersey in ganzer Breite auslegen und folgende Streifen schneiden.

Die Streifen-Maße sind mit Nahtzugabe angegeben:

- A Streifen für Kapuzenmittelnaht 1x: Länge wie obere Kapuzenkante, 2 cm breit
- B Streifen für vordere Kapuzenkante 1x: Länge wie vordere Kapuzenkante, 3,5 cm breit
- C Halsausschnitt-Streifen 1x: Länge wie Halsausschnittkante, 3 cm breit
- D Schulter-Streifen 2x: Länge wie Schulternaht, 2,5 cm breit
- E Streifen für Armausschnittkante 2x: Länge wie Armausschnittkante, 3 cm breit
- F Streifen für Ärmelnaht 2x: Länge wie Ärmelnaht, 2,5 cm breit
- G Seitennaht-Streifen 2x: Länge wie Seitennaht, 2,5 cm breit
- H Streifen für Rocknaht 2x: Länge wie Rocklänge, 2,5 cm breit
- I Streifen für Teilungsnaht 1x: Länge wie Saumweite des Oberteils, 3 cm breit
- J Kapuzenband 1x: 130 cm lang, 3,5 cm breit

So wird's gemacht

1 Kapuze nähen: Kapuze rechts auf rechts legen, so dass die Schnittkanten deckungsgleich aufeinanderliegen. Mit Stecknadeln feststecken und die Naht bei 1 cm schließen. Die Nahtzugabe mit den Händen auseinanderdrücken und rechts und links der Naht in gleichmäßigen Abstand knapp neben der Naht steppen. Nahtzugabe bis auf 0,5 cm gleichmäßig zurückschneiden.

Den Streifen für die Kapuzenmittelnaht links auf links auf die Kapuzenmittelnaht legen, Nahtzugaben sind durch den Streifen komplett verdeckt, Streifen beidseitig 0,5 cm ab Schnittkante aufsteppen. Vordere Kapuzenkante 1 cm nach links bügeln und mit Stecknadeln befestigen. Den Streifen für die vordere Kapuzenkante rechts auf links so unter der vorderen Kapuzenkante befestigen, dass die Streifenschnittkante 0,5 cm übersteht.

Von rechts an der umgebügelten Bruchkante den Streifen aufsteppen.

2 Ösen einschlagen: An den gekennzeichneten Markierungspunkten in der Kapuze 2 Ösen laut Gebrauchsanweisung einschlagen. Jetzt von links bei 0,5 cm die andere Schnittkante des Streifens für die vordere Kapuzenkante aufsteppen. Den Kapuzenband-Streifen so straff ziehen, dass sich der Streifen einrollt. Kapuzenband mit einer Sicherheitsnadel durch den Tunnel ziehen. Enden verknoten.

3 Schulternähte schließen: Vorder- und Rückenteil rechts auf rechts legen und bei 1 cm die Schulter schließen. Die Naht auseinanderdrücken und rechts und links der Naht knappkantig steppen. Nahtzugabe auf 0,5 cm zurückschneiden. Schulter-Streifen links auf links auf die Naht legen, Nahtzugaben sind durch den Streifen komplett verdeckt, Streifen beidseitig 0,5 cm ab Schnittkante aufsteppen.

4 Kapuze an Oberteil nähen: Kapuze rechts auf rechts an den Halsausschnitt stecken, dabei darauf achten, dass Schulterpunkte, hintere und vordere Mitte aufeinander liegen. Naht nähen.

Den Einfassstreifen mit einer 2 cm breiten Pappschablone (ca. 35 cm lang) einbügeln. Die Nahtzugabe des Streifens wird um die Schablone herum auf die Schablone gebügelt. Den Einfassstreifen mit aufgeklappter Schnittkante rechts auf links auf die Halsausschnittkante legen und mit Stecknadeln befestigen. Stoff und Streifen in der eingebügelten Bruchkante zusammennähen. Den Einfass um die Nahtzugabe herum legen und mit Stecknadeln genau an der Ansatznaht befestigen. Den Einfass knappkantig feststeppen.

5 Seitennähte schließen: Vorder- und Rückenteil rechts auf rechts legen, Seitennähte bei 1 cm schließen. Die Naht auseinanderdrücken und rechts und links der Naht knappkantig steppen. Nahtzugabe auf 0,5 cm zurückschneiden und den Seitennaht-Streifen aufnähen, siehe Punkt 3.

6 Ärmel nähen: Die Ärmel an den Längsschnittkanten jeweils rechts auf rechts deckungsgleich aufeinanderlegen und die Nähte bei 1 cm schließen. Die Naht auseinanderdrücken und rechts und links der Naht knappkantig steppen. Nahtzugabe auf 0,5 cm zurückschneiden und die Streifen für die Ärmelnähte aufnähen, siehe Punkt 3.

7 Ärmelsaum: Die Ärmelsaumkanten 2 cm nach links bügeln und nochmals 2 cm nach links bügeln. Die obere Saumbruchkante mit Stecknadeln feststecken und knappkantig aufsteppen.

8 Ärmel einnähen: Beim Einsetzen des Ärmels in das Armloch immer darauf achten, dass der rechte Ärmel in das rechte Armloch und der linke Ärmel in das linke Armloch genäht wird! Die Ärmelnaht liegt rechts auf rechts exakt auf der Seitennaht. Ärmel im Armloch feststecken und bei 1 cm nähen. Nahtzugaben versäubern. Das Armloch einfassen. Den Einfass-Streifen so arbeiten, wie in Punkt 4 beschrieben.

9 Tasche nähen: Den Tascheneingriff versäubern, 2 cm nach links bügeln und an der versäuberten Kante knappkantig aufsteppen. Für die Tasche eine Schablone aus Pappe anfertigen (ohne Nahtzugabe). Die Tasche von rechts auf das Bügelbrett legen, die Schablone darauf, so dass die Nahtzugaben sichtbar sind. Die Nahtzugaben um die Schablone herum legen auf die Schablone bügeln.

Die Taschen an den Markierungspunkten des Vorderrocks positionieren und mit Stecknadeln befestigen. Taschen knapp und fußbreit auf das Vorderteil steppen.

10 Rock nähen: Die Schnittkanten des Rocks rechts auf rechts legen und die Naht bei 1 cm schließen. Die Nahtzugabe auseinanderdrücken und rechts und links der Naht knappkantig steppen. Nahtzugabe auf 0,5 cm zurückschneiden und den Streifen für die Rocknaht aufnähen, siehe Punkt 3.

11 Rocksaum: Die Rocksaumkante 2 cm nach links bügeln und nochmals 2 cm nach links bügeln. Die obere Saumbruchkante mit Stecknadeln feststecken und knappkantig aufsteppen.

12 Rock ankräuseln: An der oberen Rockkante zwei Nähte nähen. Die erste Naht fußbreit von der Schnittkante und die zweite Naht fußbreit unterhalb der ersten. Für beide Nähte eine etwas größere Stichlänge wählen, am Nahtanfang und am Nahtende die Fäden hängen lassen. Am Nahtanfang beide Nähfäden miteinander verknoten. Am Nahtende beide Unterfäden gleichmäßig auf die Weite des Oberteils zusammenziehen, so dass dabei kleine Kräuselfältchen entstehen. Diese Nähfäden ebenfalls verknoten. Die Kräuselung gleichmäßig auf die gesamte Strecke des Rocks verteilen.

13 Rock und Oberteil verbinden: Das Oberteil rechts auf rechts auf den Rock legen, so dass die Schnittkanten deckungsgleich aufeinanderliegen. Hintere und vordere Mitten sowie Seitennähte liegen exakt aufeinander. Mit Stecknadeln feststecken, Naht bei 1 cm nähen. Auf der Saumrüsche mittig nähen, so dass sich noch kleine Korrekturen vornehmen lassen, sofern sich die Kräuselung etwas verschiebt! Nahtzugabe versäubern und die Kräuselfäden entfernen. Die Naht einfassen. Den Einfass-Streifen so arbeiten, wie in Punkt 4 beschrieben.

BERLIN

Grünes Hoodie-Kleid

Größen: 34–44 • Schwierigkeitsgrad: ✂ • Schnittbogen A in Rot

Erfrischend anders!
Unübersehbar knallig ist dieses Hoodie-Kleid in Midilänge mit optisch schmaler Silhouette,
kombiniert mit Accessoires für einen perfekten Auftritt.

Material

- Viskose-Jersey in Grün (94 % Viskose, 6 % Elasthan, 150 cm breit), 2,00 m
- Farblich passendes Nähgarn

44

weitgeschnittener
Ärmel

figurbetont

große aufgesetzte
Taschen

breite
Saumrüsche

Zuschneiden

Die Schnittteile der gewünschten Größe vom Bogen auf Papier kopieren und ausschneiden.

Schnittbogen A in Rot

Größe: 34/36

Größe: 38/40 ·—·—·—·—·—·—·

Größe: 42/44 ——————————

- 1 Vorderteil
- 2 Rückenteil
- 16 Ärmel
- 3 Tasche
- 4 Kapuze

Viskose-Jersey in den Doppelbruch legen und die Schnittteile gemäß Zuschneideplan auf dem Stoff positionieren.

Als Nahtzugabe am Ärmelsaum 5 cm, am Tascheneingriff 2 cm, an der vorderen Kapuzenkante 1,5 cm und an den restlichen Schnittkanten 1 cm zugeben. Nachfolgendes Schnittteil ist mit Nahtzugabe angegeben:

- A Saumrüsche: 1,5 fache Saumweite von Vorder- und Rückenteil, 28 cm breit.

So wird's gemacht

1 Kapuze nähen: Die Kapuze rechts auf rechts legen, so dass die Schnittkanten deckungsgleich aufeinanderliegen. Mit Stecknadeln feststecken und die Naht bei 1 cm schließen. Nahtzugabe versäubern und zu einer Seite legen. Naht von rechts fußbreit steppen. Die Naht leicht dämpfen, am besten wäre hier ein Bügelbock. Darauf lassen sich Rundungen um vieles leichter bügeln. Vordere Kapuzenschnittkante

Zuschneideplan

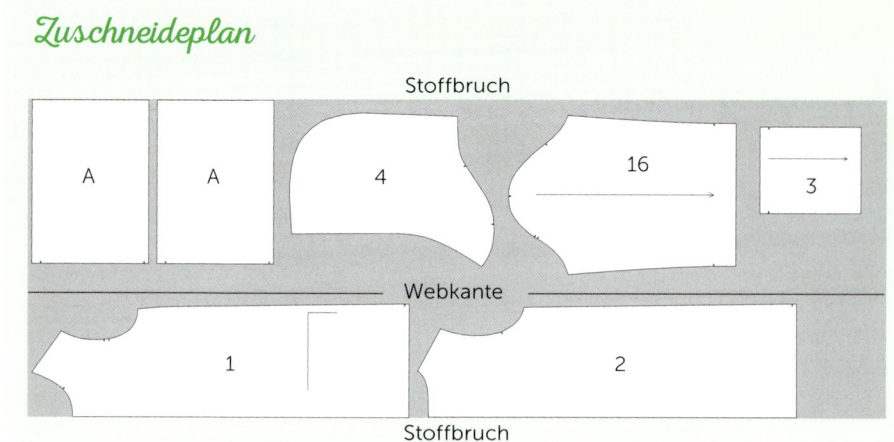

versäubern, 1,5 cm nach links bügeln und mit Stecknadeln befestigen. An der versäuberten Kante knappkantig aufsteppen. Naht bügeln. Die rechte vordere Kapuzenkante links auf rechts auf die linke vordere Kapuzenkante legen, die vorderen Mitten liegen aufeinander, übereinanderliegende Schnittkanten zusammensteppen.

2 Taschen arbeiten: Die Schnittkanten des Tascheneingriffs versäubern, 2 cm nach links bügeln und an der versäuberten Kante knappkantig feststeppen. Für die Tasche eine Schablone aus Pappe anfertigen (ohne Nahtzugabe). Die Tasche mit der rechten Seite auf das Bügelbrett legen, die Schablone so darauf legen, dass die Nahtzugaben sichtbar sind. Die Nahtzugaben um die Schablone herum auf die Schablone bügeln.
Die Taschen an den Markierungspunkten des Vorderteils positionieren und mit Stecknadeln befestigen. Taschen knapp und fußbreit auf das Vorderteil steppen.

3 Schulternähte schließen: Schulter von Vorder- und Rückenteil rechts auf rechts aufeinanderlegen und die Nähte bei 1 cm schließen. Nahtzugaben versäubern und in das Rückenteil bügeln.

4 Kapuze an Oberteil nähen: Kapuze rechts auf rechts an den Halsausschnitt legen, darauf achten, dass Schulterpunkte sowie hintere und vordere Mitte aufeinanderliegen, mit Stecknadeln feststecken. Naht bei 1 cm nähen, Nahtzugabe versäubern und in das Oberteil bügeln. Nahtzugabe von rechts fußbereit auf das Oberteil steppen.

5 Seitennaht schließen: Die Seitennähte rechts auf rechts legen, mit wenigen Stecknadeln befestigen und die Naht schließen. Seitennähte versäubern und in das Rückenteil bügeln.

6 Ärmel nähen: Ärmelsaumschnittkanten versäubern. Ärmel jeweils rechts auf rechts legen, Schnittkanten liegen deckungsgleich aufeinander, Naht bei 1 cm nähen. Ärmelnähte versäubern und nach hinten bügeln. Ärmelsaumkante, am besten mit Hilfe eines Ärmelbügelbrettes, 5 cm nach links bügeln. Mit Stecknadeln feststecken. Ärmel auf rechts wenden und den Ärmelsaum an der versäuberten Kante knappkantig feststeppen. Ärmelsaum bügeln. Beim Einsetzen des Ärmels in das Armloch immer darauf achten, dass der rechte Ärmel in das rechte Armloch und der linke in das linke Armloch genäht wird! Die Ärmelnaht liegt rechts auf rechts exakt an der Seitennaht. Ärmel und Armloch mit Stecknadeln feststecken, die Naht bei 1 cm nähen und die Nahtzugabe versäubern.

7 Saumrüsche: Saumschnittkante versäubern und 1,5 cm nach links bügeln. Saum an der versäuberten Kante knappkantig feststeppen. An der oberen Schnittkante der Saumrüsche zwei Nähte nähen. Die erste Naht fußbreit von der Schnittkante und die zweite Naht fußbreit unterhalb der ersten. Für beide Nähte eine etwas größere Stichlänge wählen und am Nahtanfang und am Nahtende die Fäden hängen lassen. Am Nahtanfang beide Nähfäden miteinander verknoten. Am Nahtende beide Unterfäden gleichmäßig so lange zusammenziehen, bis die Saumrüsche die Weite des Kleidersaumes hat (plus 2 cm Nahtzugabe), und dabei kleine Kräuselfältchen entstehen. Diese Nähfäden ebenfalls verknoten. Die Kräuselung gleichmäßig auf die gesamte Strecke der Saumrüsche verteilen. Die Saumrüsche rechts auf rechts legen und die Naht bei 1 cm schließen. Nahtzugabe versäubern und zur Seite bügeln.

8 Saumrüsche mit Oberteil verbinden: Saumrüsche rechts auf rechts an die Saumkante des Kleides legen, die Naht der Saumrüsche liegt an der linken Seitennaht des Kleides, mit Stecknadeln feststecken. Auf der Saumrüsche mittig zwischen den Kräuselfäden nähen, so dass noch kleine Korrekturen vorgenommen werden können, sofern sich die Kräuselung etwas verschiebt! Nahtzugabe versäubern und die Kräuselfäden entfernen. Nahtzugabe in das Kleid bügeln. Die Naht fußbreit auf das Kleid steppen.

> *Tipp:* Damit die Kräuselung der Rüsche nicht in kleine Fältchen platt gebügelt wird, die Rüsche an der Kante eines Ärmelbügelbrettes nach unten hängen lassen und nur das glatte Teil bügeln.

HAMBURG

Blauer Hoodie-Sweater

Größen: 34–44 • **Schwierigkeitsgrad:** ✂✂✂ • Schnittbogen C in Grau

Nicht ohne meinen Sportsweater!
Modisches Petrol mit farblich passendem Streifenjersey verpackt im sportlichen Look.
Ein Hoodie mit großer Beuteltasche und viel Bequemlichkeit.

Material

- Baumwoll-Jersey in Blau (95 % Baumwolle, 5 % Elasthan, 150 cm breit), 2,00 - 2,00 - 2,20 m
- Streifen-Jersey in Blau/Grün (95 % Baumwolle, 5 % Elasthan, 150 cm breit), 1,20 m
- Öse, silberfarben, 2 Stück
- Farblich passendes Nähgarn

bequemer
Raglanärmel

lässig weit
im Schnitt

Ärmel-
und Saumbund

aufgesetzte
Beuteltasche

Zuschneiden

Die Schnittteile der gewünschten Größe vom Bogen auf Papier kopieren und ausschneiden.

Schnittbogen C in Grau

Größe: 34/36   -----------

Größe: 38/40   ‹ * * * * * * * * * * ›

Größe: 42/44   ———————

Schnittteile:

- 19 oberes Vorderteil
- 19 Streifen Vorderteil
- 19 unteres Vorderteil
- 20 oberes Rückenteil
- 20 Streifen Rückenteil
- 20 unteres Rückenteil
- 15 Ärmel
- 16 Kapuze
- 22 Tasche

Baumwoll-Jersey und Streifen-Jersey jeweils in den Bruch legen, sodass Webkante auf Webkante liegt.

Die Schnittteile gemäß Lageplan auf dem Stoff positionieren.

Als Nahtzugabe bei den Schnittteilen an allen Schnittkanten 1 cm zugeben. Nachfolgende Schnittteile sind mit Nahtzugabe angegeben:

- A Ärmelbund: 4 cm kürzer als Ärmelsaumweite, 18 cm breit (fertig 8 cm).
- B Saumbund: gesamt 12 cm kürzer als Saumweite, 12 cm breit (fertig 5 cm).
- C Streifen für Kapuzenmittelnaht: Länge wie obere Kapuzenkante, 2 cm breit.
- D Streifen für vordere Kapuzenkante: Länge wie vordere Kapuzenkante, 2 cm breit.
- E Streifen für vordere Kapuzenkante: Länge wie vordere Kapuzenkante, 3 cm breit.
- F Halsausschnitt-Streifen: Länge wie Halsausschnittkante, 2 cm breit.
- G Taschen-Streifen: Länge wie Tascheneingriffkante, 3,5 cm breit.
- H Kapuzenband: 120 cm lang, 4 cm breit.

Zuschneideplan

Baumwoll-Jersey in Blau

Streifen-Jersey in Blau/Grün

So wird's gemacht

1 Kapuze nähen: Kapuze links auf links legen, so dass die Schnittkanten deckungsgleich aufeinanderliegen. Mit Stecknadeln feststecken und die Naht bei 1 cm schließen. Die Nahtzugabe mit den Händen auseinanderdrücken und rechts und links der Naht in gleichmäßigen Abstand knapp neben der Naht steppen. Nahtzugabe bis auf 0,5 cm gleichmäßig zurückschneiden. Den Streifen für die Kapuzenmittelnaht links auf rechts auf die Kapuzenmittelnaht legen, Nahtzugaben sind durch den Streifen komplett verdeckt, Streifen beidseitig 0,5 cm ab Schnittkante aufsteppen. Vordere Kapuzenkante 1 cm nach links bügeln und mit Stecknadeln befestigen. Den Streifen für die vordere Kapuzenkante (D) links auf links so an der vorderen Kapuzenkante befestigen, dass die Streifenschnittkante 0,5 cm übersteht. Von rechts an der umgebügelten Bruchkante den Streifen auf-

steppen. Von links bei 0,5 cm die andere Schnittkante des Streifens aufsteppen.
Von rechts den Streifen an der Schnittkante mit Stecknadeln feststecken und
bei 0,5 cm aufsteppen. Den Streifen für
die vordere Kapuzenkante (E) links auf
rechts so an der vorderen Kapuzenkante
befestigen, dass beide Streifen an den
vorderen Schnittkanten deckungsgleich
aufeinanderliegen, von rechts die Streifen
0,5 cm ab Schnittkante zusammensteppen.

2 Ösen einschlagen: 2 Ösen laut
Gebrauchsanweisung in den äußeren Streifen (E) der Kapuze einschlagen.
Und zwar mittig des Streifens und 4 cm
ab Halsausschnittkante. Von rechts den
Streifen an der Schnittkante mit Stecknadeln feststecken und bei 0,5 cm auf
steppen. Das Kapuzenband mit Hilfe einer
Sicherheitsnadel in den Kapuzentunnel
ziehen. Das Kapuzenband vorher so straff
ziehen, dass sich der Streifen einrollt.
Enden verknoten.

3 Taschen: Den Taschen-Streifen
links auf links zur Hälfte in den
Bruch legen, so dass die Schnittkanten
deckungsgleich aufliegen. Bruchkante
einbügeln. Die Schnittkanten des Streifens rechts auf rechts auf die Schnittkante des Tascheneingriffs legen, feststecken und die Naht bei 1 cm nähen.
Nahtzugabe versäubern und in die
Tasche bügeln. Naht von rechts knapp
und fußbreit absteppen. Für die Tasche
eine Schablone aus Pappe anfertigen
(ohne Nahtzugabe). Die Tasche von der
rechten Seite auf das Bügelbrett legen,
die Schablone darauf legen und die
Nahtzugabe um die Schablone herum

auf die Schablone bügeln (nicht am Tascheneingriff!).

Die Taschen an den Markierungspunkten des unteren Vorderteils positionieren und mit Stecknadeln befestigen. Taschen knapp und fußbreit auf das Vorderteil steppen.

4 **Am unteren Vorder- und Rückenteil Streifen aufsetzen:** Streifen Vorderteil und Streifen Rückenteil jeweils an den unteren Schnittkanten versäubern. Obere, unversäuberte Schnittkante des Streifens links auf rechts an der oberen Schnittkanten des unteren Vorder- bzw. des unteren Rückenteils deckungsgleich auflegen und feststecken. Schnittkanten jeweils zusammennähen und versäubern. Untere, versäuberte Schnittkanten knappkantig im Streifenverlauf auf das untere Vorder- bzw. untere Rückenteil steppen.

5 **Oberes Vorder- bzw. Rückenteil an das untere Vorder- bzw. Rückenteil nähen:** Untere Schnittkante von oberem Vorder- und von oberem Rückenteil versäubern. Oberes Vorderteil links auf rechts an den Markierungspunkten auf das untere Vorderteil legen, so dass der aufgesetzte Streifen gleichmäßig sichtbar ist. Mit Stecknadeln feststecken. Das Rückenteil auf die gleiche Weise vorbereiten. Im Vorder- bzw. Rückenteil von links an der versäuberten Schnittkante knappkantig das untere Vorder- bzw. Rückenteil jeweils auf das obere Vorder- bzw. Rückenteil aufsteppen.

6 **Seitennähte:** Vorder- und Rückenteil rechts auf rechts an den Seitenschnittkanten deckungsgleich aufeinanderlegen. Streifen und Ansatznähte liegen exakt aufeinander. Mit Stecknadeln befestigen. Seitennähte bei 1 cm nähen. Nahtzugaben versäubern und in das Rückenteil bügeln.

7 **Ärmel:** Ärmel an den Längsschnittkanten jeweils rechts auf rechts deckungsgleich aufeinanderlegen und mit Stecknadeln befestigen. Ärmelnähte bei 1 cm Nahtbreite nähen und versäubern. Ärmelnaht nach hinten bügeln.

8 **Ärmel- und Saumbund:** Naht im Ärmelbund jeweils rechts auf rechts schließen und die Nahtzugaben auseinanderbügeln. Ärmelbund jeweils links auf links in den Umbruch legen und die Schnittkanten zusammensteppen. Ärmelbund rechts auf rechts an die Ärmelsaumkante legen, Naht im Bund liegt exakt auf der Ärmelnaht, Ärmelbund leicht gedehnt annähen. Nahtzugaben versäubern und in den Ärmel bügeln. Saumbund rechts auf rechts legen, Seitennähte schließen und die Nahtzugaben auseinanderbügeln. Saumbund links auf links in den Umbruch legen und die Schnittkanten zusammen steppen. Saumbund rechts auf rechts an die Saumkante legen, Seitennähte liegen exakt aufeinander, Saumbund leicht gedehnt annähen. Nahtzugabe versäubern und in das Oberteil bügeln.

9 **Ärmel einsetzen:** Ärmel rechts auf rechts auf die Armausschnittkanten vom Oberteil legen und mit Stecknadeln befestigen. Die Naht bei 1 cm schließen. Die Ärmelnaht liegt rechts auf rechts exakt auf der Seitennaht. Nahtzugabe am Armloch versäubern und die Naht von rechts fußbreit absteppen.

10 **Kapuze an Oberteil nähen:** Kapuze links auf links an den Halsausschnitt stecken, dabei darauf achten, dass Schulterpunkte, hintere und vordere Mitte aufeinanderliegen. Naht nähen, Nahtzugabe in das Oberteil bügeln. Den Halsausschnitt-Streifen an den Enden rechts auf rechts zum Ring schließen. Nahtzugabe auseinanderbügeln. Streifen von rechts so auf die Nahtzugabe legen, dass er 0,5 cm über die Naht hinweg in der Kapuze liegt, Streifen ringsum feststecken. Streifen von links knappkantig an der Naht nähen. Von rechts bei 0,5 cm die andere Schnittkante des Streifens auf das Oberteil steppen.

> *Tipp:* Die Nähte bei Jersey und elastischen Geweben immer in leicht gedehntem Zustand nähen, sonst reißt bei Spannung der Faden sehr schnell.

LONDON

Gestreiftes Hemd-Kleid mit Kapuze

Größen: 36–42 • **Schwierigkeitsgrad:** ✂✂ • Schnittbogen D in Schwarz

*Längsgestreift, Quergestreift oder doch lieber von allem ein bisschen?
Durchgeknöpftes Hoodie-Kleid aus Leinen, in lässigem Stil mit seitlichen Eingrifftaschen
wird zum liebsten Begleiter.*

Material

- Streifenstoff in Anthrazit/Taupe/Ecru (55 % Leinen, 45 % Viskose, 140 cm breit), 2,20 - 2,20 - 2,40 - 2,40 m
- Netz-Strick in Schwarz/Weiß (86 % Viskose, 10 % Polyester, 4 % Elasthan, 145 cm breit), 0,10 m
- Knöpfe in Schwarz/Weiß, 8 Stück
- Baumwollschrägband in Ecru (40/20 mm breit), 0,50 m
- Gummiband in Weiß (5 cm breit), 0,50 m
- Farblich passendes Nähgarn

unterschiedliche
Passenabtrennung

durchgeknöpft

seitliche
Eingrifftaschen

weit im
Schnitt

3 Seitennahttaschen: Schrägband rechts auf rechts auf die Markierung für den Tascheneingriff im Vorderteil legen, an beiden Seiten 1 cm Nahtzugabe überstehen lassen **3a**. Schrägband ab und bis Tascheneingriff-markierung nähen; Nahtenden gut verriegeln **3b**. Nahtzugaben am Nahtanfang und Nahtende quer zur Naht einschneiden **3c**. Die Naht auseinanderbügeln, das Schrägband nach links schlagen und in den Nahtbruch bügeln **3d**. Am Nahtanfang und am Nahtende die Nahtzugaben ebenfalls nach links schlagen **3e** und das Schrägband ringsherum knappkantig auf die Vorderteile steppen **3f**.

Den Taschenbeutel versäubern und rechts auf links unter den Tascheneingriff legen, seitliche Nahtzugabe vom Taschenbeutel liegt in einer Linie mit der Seitennaht des Vorderteils. Taschenbeutel mit Stecknadeln auf dem Vorderteil feststecken und von links knapp an der versäuberten Kante auf das Vorderteil steppen. Von rechts nochmals nach innen fußbreit daneben steppen.

4 Schulter und Seitennähte schließen: Die Vorderteile rechts auf rechts auf das Rückenteil legen, so dass Schulter- und Seitenschnittkanten deckungsgleich aufeinanderliegen. Schulter- und Seitennähte bei 1 cm schließen. Nahtzugaben versäubern und in das Rückenteil bügeln.

5 Saum: Den Saum 3 cm nach links bügeln und nochmals 3 cm nach links bügeln. Die obere Saumbruchkante mit Stecknadeln feststecken und knappkantig aufsteppen.

6 Vordere Kanten: Die vordere Kante in beiden Vorderteilen 3 cm nach links bügeln und nochmals 3 cm nach links bügeln. Die innere Bruchkante mit Stecknadeln feststecken und knappkantig aufsteppen.

7 Kapuze an Oberteil nähen: Die Schnittkante der Kapuze rechts auf rechts auf die Halsausschnittkante ab und bis vordere Mitte legen und mit Stecknadeln feststecken, dabei darauf achten, dass Schulterpunkte und hintere Mitte aufeinandertreffen. Naht bei 1 cm nähen. Nahtzugabe versäubern und in das Oberteil bügeln. Den Halsausschnitt-Streifen links auf links auf

3a

3b

3c

3d

3e

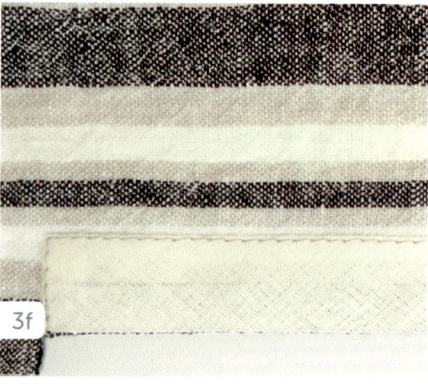
3f

unterschiedliche
Passenabtrennung

durchgeknöpft

scitliche
Eingrifftaschen

weit im
Schnitt

Zuschneiden

Die Schnittteile der gewünschten Größe vom Bogen auf Papier kopieren und ausschneiden.

Bitte beachten: Die rechte vordere Passe 15, das linke Vorderteil 15 und die linke vordere Passe 15 aus dem rechten Vorderteil 15 sowie die hintere Passe 16 aus dem Rückenteil 16 als Extra-Schnittteile kopieren.

Schnittbogen D in Schwarz

Größe: 36 ∘∘∘∘∘∘∘∘∘∘∘∘∘

Größe: 38 — — — — — —

Größe: 40 ‹‹‹‹‹‹‹‹‹‹‹‹‹‹‹‹‹

Größe: 42 —————————

- 15 rechtes Vorderteil
- 15 rechte vordere Passe
- 15 linkes Vorderteil
- 15 linke vordere Passe
- 16 Rückenteil
- 16 hintere Passe
- 11 Ärmel
- 12 Kapuze
- 13 Taschenbeutel

Streifenstoff erst in den Bruch legen, sodass Webkante auf Webkante liegt und gemäß Zuschneideplan zuerst Kapuze, Rückenteil, Ärmel, rechte und linke vordere Passe sowie Taschenbeutel zuschneiden. Dann den Stoff in ganzer Breite auslegen und die restlichen

Teile in einfacher Stofflage zuschneiden. Als Nahtzugabe am Saum, Ärmelsaum und vorderer Kante 6 cm, an den restlichen Schnittkanten 1 cm zugeben. Netz-Strick in ganzer Breite auslegen und Streifen schneiden. Nachfolgende Schnittteile sind mit 1 cm Nahtzugabe angegeben:

- A Streifen für Kapuzenmittelnaht 1x: Länge wie obere Kapuzenkante, 2,5 cm breit
- B Streifen für vordere Kapuzenkante 1x: Länge wie vordere Kapuzenkante, 2 cm breit
- C Halsausschnitt-Streifen 1x: Länge wie Halsausschnittkante, 1,5 cm breit

Zuschneideplan

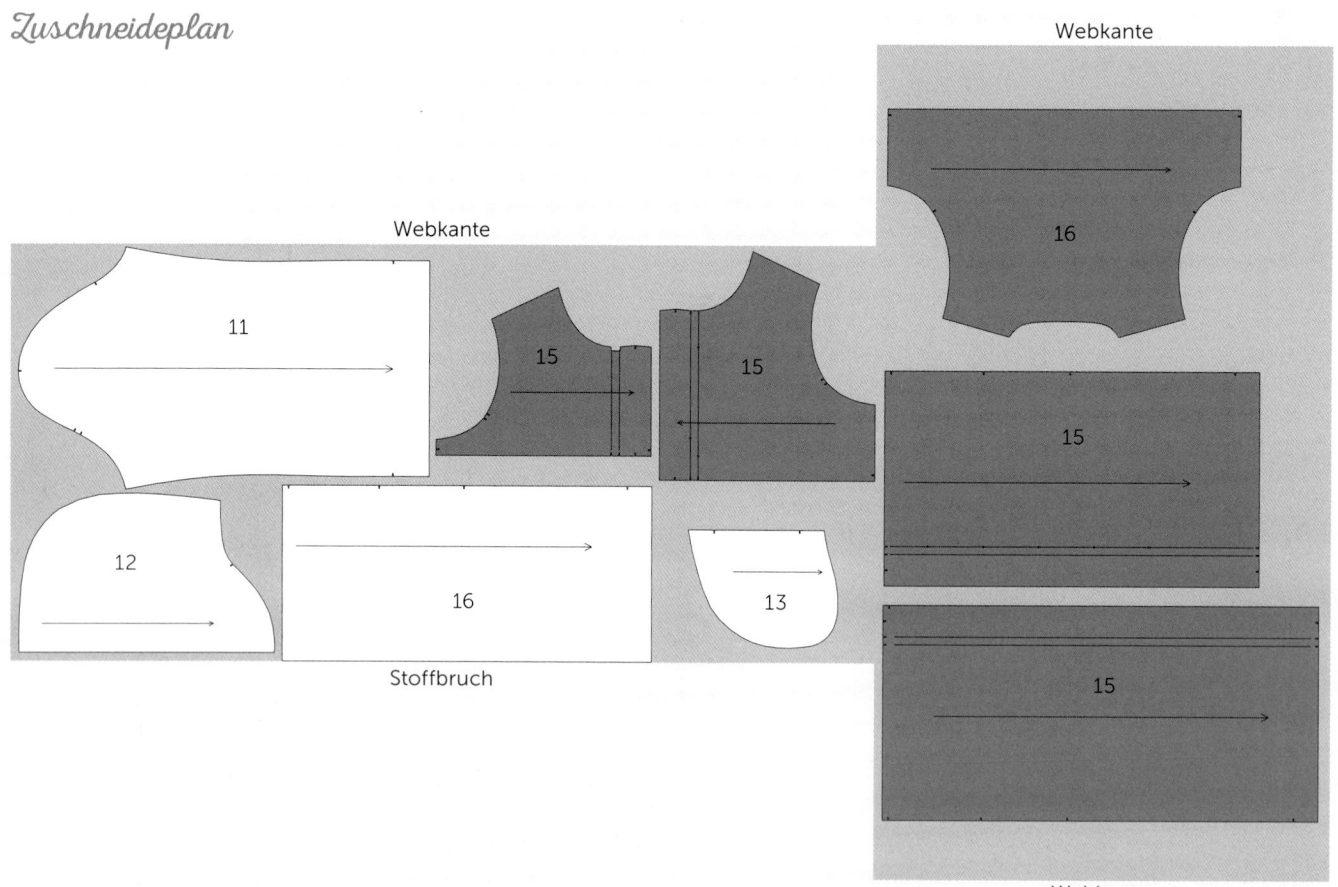

So wird's gemacht

1 Kapuze nähen: Kapuzenschnittkanten versäubern. Kapuze links auf links legen, so dass die Schnittkanten deckungsgleich aufeinanderliegen. Mit Stecknadeln feststecken und die Naht bei 1 cm schließen. Die Nahtzugabe auseinanderbügeln und rechts und links der Naht in gleichmäßigem Abstand knapp neben der Naht steppen. Den Streifen für die Kapuzenmittelnaht links auf rechts auf die Kapuzenmittelnaht legen, Nahtzugaben sind durch den Streifen komplett verdeckt, Streifen beidseitig 0,5 cm ab Schnittkante aufsteppen. Vordere Kapuzenkante 1 cm nach links bügeln und mit Stecknadeln befestigen. Den Streifen für die vordere Kapuzenkante links auf rechts so auf die vordere Kapuzenkante stecken, dass die Streifenschnittkante 0,5 cm übersteht. Von links an der umgebügelten Bruchkante den Streifen aufsteppen. Von rechts bei 0,5 cm die andere Schnittkante des Streifens aufsteppen.

2 Teilungsnähte in den Vorder- und Rückenteilen: Die hintere Passe rechts auf rechts auf die obere Kante des Rückenteils legen und die Strecke mit Stecknadeln feststecken. Die rechte vordere Passe rechts auf rechts auf das rechte Vorderteil und die linke vordere Passe rechts auf rechts auf das linke Vorderteil legen und die Strecken mit Stecknadeln feststecken. Alle Teilungsnähte bei 1 cm nähen und die Nahtzugaben versäubern. Nahtzugaben in die Vorder- bzw. Rückenteile bügeln und die Nähte von rechts knapp und fußbreit absteppen.

3 Seitennahttaschen: Schrägband rechts auf rechts auf die Markierung für den Tascheneingriff im Vorderteil legen, an beiden Seiten 1 cm Nahtzugabe überstehen lassen **3a**. Schrägband ab und bis Tascheneingriffmarkierung nähen; Nahtenden gut verriegeln **3b**. Nahtzugaben am Nahtanfang und Nahtende quer zur Naht einschneiden **3c**. Die Naht auseinanderbügeln, das Schrägband nach links schlagen und in den Nahtbruch bügeln **3d**. Am Nahtanfang und am Nahtende die Nahtzugaben ebenfalls nach links schlagen **3e** und das Schrägband ringsherum knappkantig auf die Vorderteile steppen **3f**.

Den Taschenbeutel versäubern und rechts auf links unter den Tascheneingriff legen, seitliche Nahtzugabe vom Taschenbeutel liegt in einer Linie mit der Seitennaht des Vorderteils. Taschenbeutel mit Stecknadeln auf dem Vorderteil feststecken und von links knapp an der versäuberten Kante auf das Vorderteil steppen. Von rechts nochmals nach innen fußbreit daneben steppen.

4 Schulter und Seitennähte schließen: Die Vorderteile rechts auf rechts auf das Rückenteil legen, so dass Schulter- und Seitenschnittkanten deckungsgleich aufeinanderliegen. Schulter- und Seitennähte bei 1 cm schließen. Nahtzugaben versäubern und in das Rückenteil bügeln.

5 Saum: Den Saum 3 cm nach links bügeln und nochmals 3 cm nach links bügeln. Die obere Saumbruchkante mit Stecknadeln feststecken und knappkantig aufsteppen.

6 Vordere Kanten: Die vordere Kante in beiden Vorderteilen 3 cm nach links bügeln und nochmals 3 cm nach links bügeln. Die innere Bruchkante mit Stecknadeln feststecken und knappkantig aufsteppen.

7 Kapuze an Oberteil nähen: Die Schnittkante der Kapuze rechts auf rechts auf die Halsausschnittkante ab und bis vordere Mitte legen und mit Stecknadeln feststecken, dabei darauf achten, dass Schulterpunkte und hintere Mitte aufeinandertreffen. Naht bei 1 cm nähen. Nahtzugabe versäubern und in das Oberteil bügeln. Den Halsausschnitt-Streifen links auf links auf

die Nahtzugabe der Halsausschnittkante legen, so dass er die Nahtzugabe verdeckt. Mit Stecknadeln feststecken. Von rechts knapp von der Kapuzenansatznaht den Streifen feststeppen. 1 cm unterhalb der gesteppten Naht nochmals steppen.

8 Ärmel nähen: Die Ärmel an den Längsschnittkanten jeweils rechts auf rechts deckungsgleich aufeinanderlegen und die Nähte bei 1 cm schließen. Nahtzugaben versäubern und nach hinten bügeln. Ärmelsaumkanten 1 cm nach links bügeln und dann nochmals 5 cm nach links bügeln. Die Ärmelsäume mit Stecknadeln feststecken. Ärmel auf rechts wenden und den Ärmelsaum knappkantig aufsteppen, dabei eine 4 cm lange Strecke offen lassen, um das Gummiband einzuziehen. Das Verriegeln nicht vergessen! Gummiband auf Handgelenkumfang plus Nahtzugabe schneiden und mit Hilfe einer Sicherheitsnadel an der Öffnung in den Ärmelsaumtunnel ziehen. Die Gummibandenden 2 cm übereinanderlegen und mit einem Rechteck zusammennähen. Die Öffnung im Ärmelsaum feststeppen. Mehrweite des Stoffes vom Ärmelbund gleichmäßig verteilen.

9 Ärmel einnähen: Beim Einsetzen des Ärmels in das Armloch immer darauf achten, dass der rechte Ärmel in das rechte Armloch und der linke Ärmel in das linke Armloch genäht wird! Die Ärmelnaht liegt rechts auf rechts exakt auf der Seitennaht. Ärmel und Armloch mit Stecknadeln feststecken und bei 1 cm nähen. Nahtzugaben versäubern.

10 Knopflöcher und Knöpfe: Die Position der Knopflöcher auf dem rechten Vorderteil markieren und die Knopflöcher nähen. Auf dem linken Vorderteil die Position der Knöpfe markieren und die Knöpfe annähen.

Tipp: Wenn in der Nähmaschine kein automatisches Knopflochprogramm vorhanden ist, kann ein Knopfloch auch mit Raupen aus dichten Zickzackstichen genäht werden.

59

AMSTERDAM

Pinkfarbener Hoodie

Größen: 34–44 • **Schwierigkeitsgrad:** ✂✂ • Schnittbogen D in Grau

Lust auf Farbe!
Es braucht nicht viel für einen neuen Lieblings-Hoodie. Einen schönen, sommerlichen
Viskose-Strick in Bonbon-Ton und einen Schnitt mit witzigen Details.

Material

- Melange-Strick in Pink (52 % Viskose, 22 % Polyamid, 26 % Polyester, 140 cm breit), 1,70 m
- Futter in Pink, 30 x 30 cm
- Gummiband in Weiß (3 mm breit), 50 cm
- Formband in Weiß (10 mm breit), 50 cm
- Farblich passendes Nähgarn

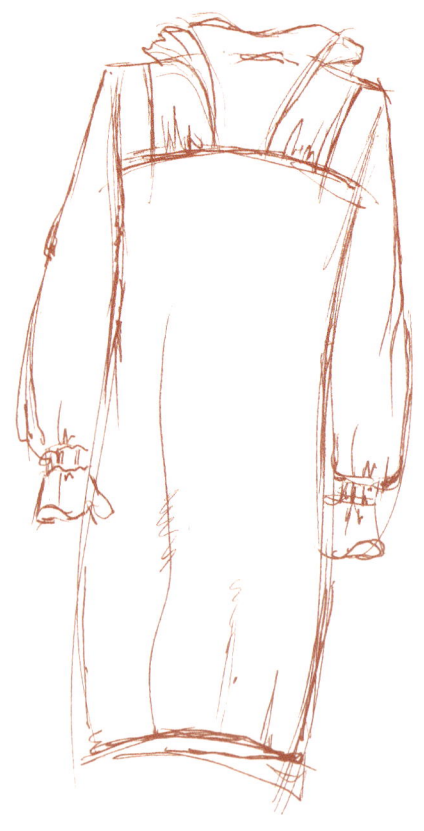

Passe vorn
mit angesetzter
Kapuze

Passe hinten

locker fallend
im Schnitt

überlanger
Ärmel

Zuschneiden

Die Schnittteile der gewünschten Größe vom Bogen auf Papier kopieren und ausschneiden.

Bitte beachten: Die hintere Passe 8 aus dem Rückenteil 8 als Extra-Schnittteil kopieren.

Schnittbogen D in Grau

Größe: 34/36 – – – – – – – – – –
Größe: 38/40 ‹×××××××××›
Größe: 42/44 –––––––––––

Schnittteile:

- 17 oberes Vorderteil mit Kapuze
- 18 oberes seitliches Vorderteil
- 7 unteres Vorderteil
- 8 Rückenteil
- 8 hintere Passe
- 20 Ärmel

Strick in den Bruch legen, sodass Webkante auf Webkante liegt. Die Schnittteile gemäß Lageplan auf dem Stoff positionieren.

Als Nahtzugabe am Saum, Ärmelsaum und der vorderen Kapuzenkante 2 cm, an allen restlichen Schnittkanten 1 cm zugeben.

Futter

Nachfolgende Schnittteile sind mit 1 cm Nahtzugabe angegeben:

- A Schrägstreifen 1x: 10 cm lang, 3 cm breit
- B Schrägstreifen 1x: 30 cm lang, 3 cm breit

So wird's gemacht

1 **Oberes Vorderteil mit Kapuze:** Kapuze rechts auf rechts legen, so dass die Schnittkanten deckungsgleich aufeinanderliegen, mit Stecknadeln feststecken und die Naht bei 1 cm schließen. Nahtzugabe versäubern

Zuschneideplan

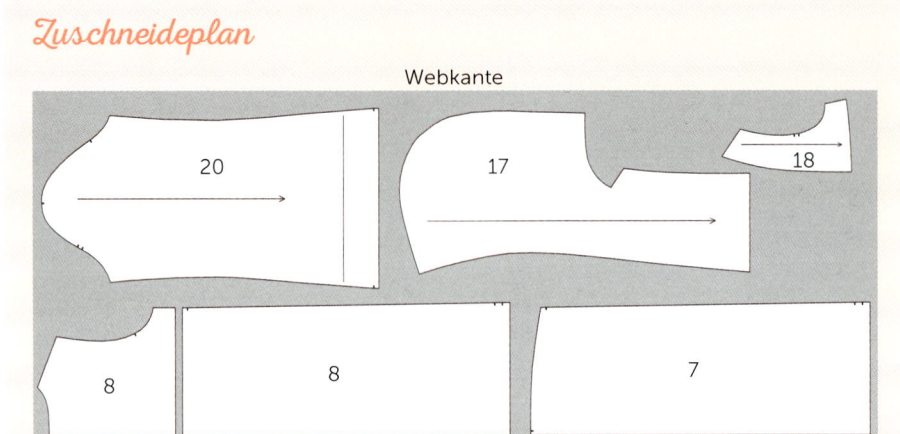

Webkante — Stoffbruch

und zu einer Seite bügeln. Naht von rechts fußbreit absteppen. Die vordere Kapuzenkante 2 cm nach links bügeln, mit Stecknadeln feststecken und an der versäuberten Kante knapp feststeppen.

2 **Oberes Vorderteil mit Kapuzenkräuselung:** Die hintere Halsausschnittkante der Kapuze auf die Weite des hinteren Halsausschnittes ankräuseln und die untere vordere Kante auf die Weite im unteren Vorderteil laut Markierung ankräuseln. Dafür an diesen Schnittkanten zwei Nähte nähen. Die erste Naht fußbreit von der Schnittkante und die zweite Naht fußbreit unterhalb der ersten. Für beide Nähte eine etwas größere Stichlänge wählen und am Nahtanfang sowie am Nahtende die Fäden hängen lassen. Am Nahtanfang beide Nähfäden miteinander verknoten. Am Nahtende beide Unterfäden gleichmäßig solange zusammenziehen, bis die Strecken die entsprechende Weite haben (plus 2 cm Nahtzugabe), und dabei kleine Kräuselfältchen entstehen. Diese Nähfäden ebenfalls verknoten. Die Kräuselung gleichmäßig auf die gesamte Strecke verteilen.

3 **Teilungsnaht im Vorderteil:** Oberes seitliches Vorderteil rechts auf rechts auf die Teilungsnaht des oberen Vorderteils mit Kapuze legen, so dass die Schnittkanten deckungsgleich aufeinanderliegen. Beide Nähte bei 1 cm schließen. Nahtzugabe versäubern, ins Vorderteil bügeln und von rechts fußbreit absteppen.

4 **Schulternaht und Halsloch schließen:** Formband auf hinteres Halsloch und Schulter der hinteren Passe bügeln. Das Formband dient der Stabilisierung der Nähte. Schulternähte und hinteres Halsloch werden in einem Arbeitsgang geschlossen. Oberes Vorderteil und hintere Passe an den Schnittkanten der Schulter rechts auf rechts aufeinanderlegen und mit Stecknadeln feststecken.

Achtung! Das Vorderteil liegt oben und die hintere Schulternaht (liegt unten) ist beim Auflegen 2 cm länger als die vordere Schulternaht.

Beim Schließen der Schulternähte 1 cm länger in den Kapuzenansatz hinein nähen, so dass am hinteren Halsloch noch 1 cm von der Schulter übersteht, gut verriegeln. Danach wird zum Ende der Naht in die Nahtzugabe schräg eingeschnitten und das Halsloch geschlossen. Auf die Kräuselungen achten, damit sich diese beim Nähen nicht verschieben.

Nahtzugaben der Schulternähte sowie die des hinteren Halslochs versäubern und in das Oberteil bügeln.

An die Nahtzugabe im hinteren Halsloch den langen Futterstreifen rechts auf rechts annähen. Nahtzugaben vom Futterstreifen stehen am Nahtanfang und am Nahtende 1 cm über. Futterstreifen um die Nahtzugabe herum nach links schlagen und von rechts den Streifen im Nahtschatten festnähen. Am Nahtanfang und am Nahtende die überstehende Nahtzugabe nach links schlagen und den Streifen an der Bruchkante knapp aufsteppen.

5 Teilungsnähte im Vorder- und Rückenteil schließen: Rückenteil und hintere Passe an der Teilungsnaht rechts auf rechts legen, so dass die Schnittkanten deckungsgleich aufeinanderliegen, feststecken und die Naht bei 1 cm schließen. Nahtzugabe versäubern und in das Rückenteil bügeln. Naht von rechts fußbreit absteppen. Falte an oberer Kante des unteren Vorderteils laut Markierung legen und die Schnittkanten zusammensteppen. Oberes und unteres Vorderteil an der Teilungsnaht rechts auf rechts legen, so dass die Schnittkanten deckungsgleich aufeinanderliegen, feststecken, dabei den kurzen Futterstreifen rechts auf links auf die vordere Ausschnittkante legen, dabei die Enden nach oben schlagen, Futterstreifen ebenfalls feststecken. Naht bei 1 cm schließen.

Beim Nähen darauf achten, dass sich die Kräuselung nicht verschiebt. Nahtzugabe versäubern und in das untere Vorderteil bügeln. Den Futterstreifen um die Nahtzugabe herum nach innen schlagen und von oben den Futterstreifen im Nahtschatten feststeppen. Naht von rechts fußbreit absteppen, dabei den Futterstreifen knappkantig mitfassen.

6 Seitennähte schließen: Vorder- und Rückenteil rechts auf rechts legen, so dass die Schnittkanten der Seitennähte deckungsgleich aufeinanderliegen, mit Stecknadeln feststecken und die Naht bei 1 cm schließen. Die Teilungsnähte an Vorder- und Rückenteil müssen exakt aufeinandertreffen. Nahtzugaben versäubern und in das Rückenteil bügeln.

7 Saum: Die Saumschnittkante versäubern, 2 cm nach links bügeln und feststecken. Versäuberte Saumkante knappkantig aufsteppen.

8 Ärmel: Die Ärmelsaumschnittkanten versäubern, 2 cm nach links bügeln und feststecken. Versäuberte Ärmelsaumkanten knappkantig aufsteppen.

Gummiband auf gewünschten Handgelenkumfang schneiden. An den markierten Stellen parallel zur Saumkante das Gummiband stark gedehnt auf den Stoff nähen. Die Ärmel an den Längsschnittkanten rechts auf rechts deckungsgleich aufeinanderlegen und die Nähte bei 1 cm schließen. Nahtzugaben versäubern und nach hinten bügeln.

9 Ärmel einnähen: Beim Einsetzen des Ärmels in das Armloch immer darauf achten, dass der rechte Ärmel in das rechte Armloch und der linke in das linke Armloch genäht wird! Die Ärmelnaht liegt rechts auf rechts exakt auf der Seitennaht. Ärmel und Armloch mit Stecknadeln feststecken und bei 1 cm nähen. Nahtzugaben versäubern.

STOCKHOLM

Gemustertes Hoodie-Kleid

Größen: 36–42 • **Schwierigkeitsgrad:** ✂✂ • Schnittbogen A in Grau

Street-Schick im Retro-Stil!
Hemdblusen-Hoodie zugeknöpft als Kleid oder offenschwingend als leichter Überzieher.
Perfekter Schnitt für viele Gelegenheiten.

Material

- Gemusterte Viskose in Blau/Violett (100 % Viskose, 140 cm breit), 1,60 m (1,60 - 1,60 - 1,80 m)
- Viskose-Jersey in Gelb (94 % Viskose, 6 % Elasthan, 150 cm breit), 0,50 m
- Knöpfe in Gelb/Grün, 6 Stück
- Ösen, silberfarben, 2 Stück
- Farblich passendes Nähgarn

figurumspielend

durchgeknöpft

kleine
aufgesetzte Taschen

gerade
geschnitten

Zuschneiden

Die Schnittteile der gewünschten Größe vom Bogen auf Papier kopieren und ausschneiden.

Bitte beachten: Die vordere Passe 19 aus dem Vorderteil 19 und die hintere Passe 20 aus dem Rückenteil 20 als Extra-Schnittteile kopieren.

Schnittbogen A in Grau

Größe: 36 – – – – – – – – –
Größe: 38 ‹×××××××××›
Größe: 40 ....
Größe: 42 ————————

Schnittteile:

- 19 Vorderteil
- 19 vordere Passe
- 20 Rückenteil
- 20 hintere Passe
- 7 Ärmel
- 8 Kapuze
- 15 Tasche

Stoffe jeweils in den Bruch legen, sodass Webkante auf Webkante liegt. Die Schnittteile gemäß Lageplan auf dem Stoff positionieren.

Als Nahtzugabe am Saum und am Ärmelsaum 2 cm, an vorderer Kante 6 cm, an allen restlichen Schnittkanten 1 cm zugeben.

Nachfolgende Schnittteile sind mit Nahtzugabe angegeben:

- A Taschenstreifen: Länge wie Tascheneingriff, 3 cm breit.
- B Halsausschnitt-Streifen: Länge wie Halsausschnittkante, 3 cm breit.
- C Kapuzenband: 120 cm lang, 4 cm breit.

Zuschneideplan

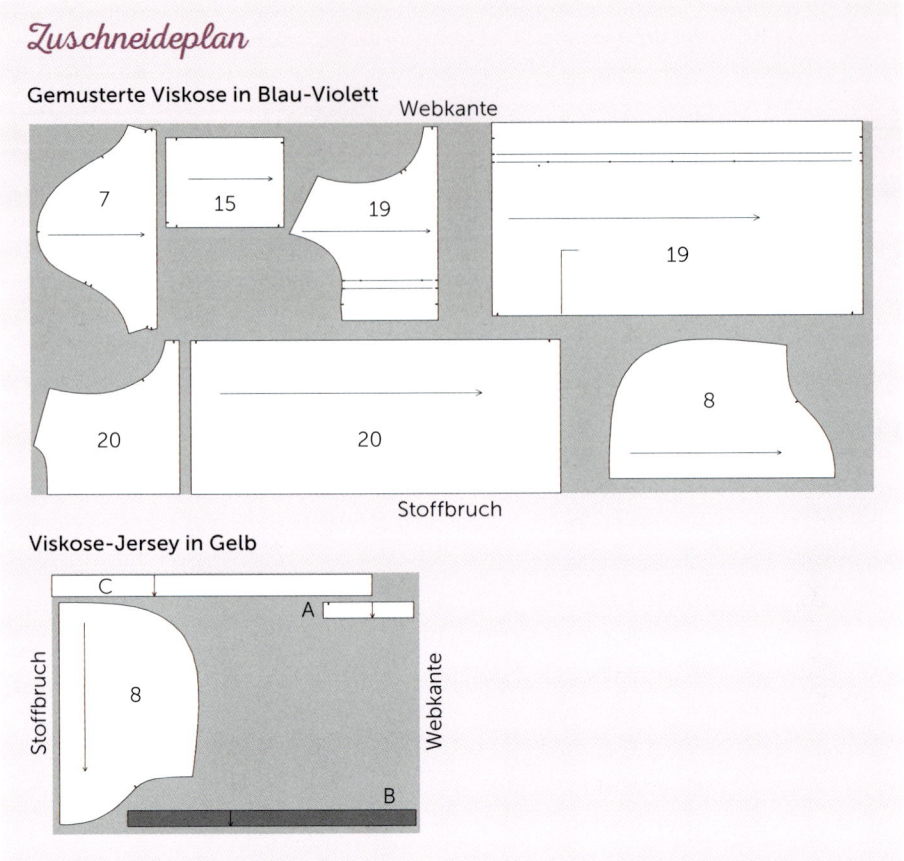

Gemusterte Viskose in Blau-Violett

Webkante

7 · 15 · 19 · 19 · 20 · 20 · 8

Stoffbruch

Viskose-Jersey in Gelb

C · A · 8 · B

Stoffbruch · Webkante

So wird's gemacht

1 Kapuze nähen: Die äußeren und inneren Kapuzenteile jeweils rechts auf rechts legen, so dass die Schnittkanten deckungsgleich aufeinanderliegen. Mit Stecknadeln feststecken. Die Naht bei 1 cm schließen. Nahtzugabe in eine Richtung bügeln und die Naht von rechts knapp und fußbreit absteppen. Äußere und innere Kapuze rechts auf rechts an den vorderen Schnittkanten aufeinanderlegen, feststecken und die Naht nähen. Kapuze auf die rechte Seite wenden und die vordere Kapuzenkante in den Nahtbruch bügeln.

2 Ösen einschlagen: An den gekennzeichneten Markierungspunkten in der Kapuze 2 Ösen laut Gebrauchsanweisung in die äußere Kapuze einschlagen. Vordere Kapuzenkanten 2 cm ab Kante zusammennähen. Das Kapuzenband mit Hilfe einer Sicherheitsnadel in den Kapuzentunnel ziehen. Das Kapuzenband vorher so straff ziehen, dass sich der Streifen einrollt. Enden verknoten. Die Halsausschnittkanten beider Kapuzen links auf links aufeinanderlegen und zusammennähen.

3 Teilungsnähte in den Vorder- und Rückenteilen: Die hintere Passe rechts auf rechts auf die obere Kante des Rückenteils legen und die

Strecke mit Stecknadeln feststecken. Die vordere Passe rechts auf rechts auf die obere Kante des Vorderteils legen und die Strecke mit Stecknadeln feststecken. Alle Teilungsnähte bei 1 cm nähen. Die Nahtzugaben versäubern und ins Vorder- bzw. ins Rückenteil bügeln. Die Nähte von rechts knapp und fußbreit absteppen.

4 Vordere Kanten: Die vordere Kante in beiden Vorderteilen 3 cm nach links bügeln und nochmals 3 cm nach links bügeln. Die innere Bruchkante mit Stecknadeln feststecken und knappkantig aufsteppen.

5 Taschen: Die Schnittkanten des Tascheneingriffs versäubern und 1 cm nach rechts bügeln. Den Taschen-Streifen von rechts auf den Tascheneingriff legen, so dass der Streifen 0,5 cm übersteht. Mit Stecknadeln feststecken. Von links an der umgebügelten Bruchkante den Streifen aufsteppen. Untere Streifenkante ebenfalls 0,5 cm ab Schnittkante auf die Tasche steppen. Für die Tasche eine Schablone aus Pappe anfertigen (ohne Nahtzugabe). Die Tasche von der rechten Seite auf das Bügelbrett legen, die Schablone darauf legen und die Nahtzugabe um die Schablone herum auf die Schablone bügeln. Die Taschen an den Markierungspunkten vom Vorderteil positionieren und mit Stecknadeln feststecken. Taschen knapp und fußbreit auf das Vorderteil steppen.

6 Schulter- und Seitennähte schließen: Die Vorderteile rechts auf rechts auf das Rückenteil legen, so dass Schulter- und Seitenschnittkanten deckungsgleich aufeinander liegen. Schulter- und Seitennähte bei 1 cm schließen, Nahtzugaben versäubern und ins Rückenteil bügeln. Die Nähte von rechts knapp und fußbreit absteppen.

7 Saum: Saumschnittkante versäubern und 2 cm nach links bügeln. Beim Nähen die Schnittkante des eingebügelten Saums nochmals 1 cm nach innen schlagen und bei 1 cm Saumbreite die Bruchkante knapp auf das Oberteil steppen.

8 Kapuze an Oberteil nähen: Äußere Kapuze rechts auf rechts auf die Halsausschnittkante ab und bis vordere Mitte legen, und mit Stecknadeln feststecken, dabei darauf achten, dass Schulterpunkte und hintere Mitte aufeinander liegen. Naht bei 1 cm nähen. Nahtzugabe versäubern und in das Oberteil bügeln. An die Nahtzugabe den Halsausschnitt-Streifen rechts auf rechts nähen. Nahtzugaben vom Streifen stehen am Nahtanfang und am Nahtende (an den vorderen Kanten) 1 cm über. Streifen um die Nahtzugabe herum nach links schlagen und von rechts im Nahtschatten den Streifen festnähen. Am Nahtanfang und am Nahtende die überstehende Nahtzugabe nach links schlagen und den Streifen an der Bruchkante knapp auf das Oberteil steppen.

9 Ärmel: Die Ärmel an den Längsschnittkanten rechts auf rechts deckungsgleich aufeinanderlegen und die Nähte bei 1 cm schließen. Nahtzugaben versäubern und nach hinten bügeln. Die Ärmelsaumschnittkanten versäubern, 2 cm nach links bügeln. Beim Nähen den eingebügelten Saum nochmals 1 cm nach innen schlagen und bei 1 cm Saumbreite die Bruchkante knapp auf den Ärmel steppen.

10 Ärmel einnähen: Beim Einsetzen des Ärmels in das Armloch immer darauf achten, dass der rechte Ärmel in das rechte Armloch und der linke in das linke Armloch genäht wird! Die Ärmelnaht liegt rechts auf rechts exakt auf der Seitennaht. Ärmel und Armloch mit Stecknadeln feststecken und bei 1 cm nähen. Nahtzugaben versäubern.

11 Knopflöcher und Knöpfe: Die Position der Knopflöcher auf dem rechten Vorderteil markieren und die Knopflöcher nähen. Auf dem linken Vorderteil die Position der Knöpfe markieren und die Knöpfe annähen.

> *Tipp:* Wenn in der Nähmaschine kein automatisches Knopflochprogramm vorhanden ist, kann ein Knopfloch auch mit Raupen aus dichten Zickzackstichen genäht werden.

LISSABON

Petrolfarbener Jumpsuit mit Hoodie und Seitennahttaschen

Größen: 34–44 • **Schwierigkeitsgrad:** ✄ • Schnittbogen A in Schwarz

Der Freizeit-Knaller!
Dieser lässige Einteiler als modisches Statement macht Lust auf jede Art von Aktivität
und sitzt immer. In der Taille gerafft, unterstreicht es dezent die weibliche Figur.

Material

- Viskose-Jersey in Petrol (94 % Viskose, 6 % Elasthan, 150 cm breit), 1,80 m
- Streifen-Jersey in Blau-Grün (95 % Baumwolle, 5 % Elasthan, 140 cm breit), 0,20 m
- Gummiband in Weiß (3 mm breit), 1 m
- Farblich passendes Nähgarn

weiter Ausschnitt mit angesetzter Kapuze

überschnittene Schulter mit weitem Ärmel

Taille mit Gummiband

lässige Weite

Zuschneiden

Die Schnittteile der gewünschten Größe vom Bogen auf Papier kopieren und ausschneiden.

Schnittbogen A in Schwarz

Größe: 34/36 - - - - - - - - - - -
Größe: 38/40 ◦◦◦◦◦◦◦◦◦◦◦◦◦◦◦◦
Größe: 42/44 ————————

- **5** Vorderteil
- **6** Rückenteil
- **9** Ärmel
- **10** Vorderhose
- **11** Hinterhose
- **12** Taschenbeutel
- **17** Kapuze

Zuschneideplan

Viskose-Jersey in Petrol

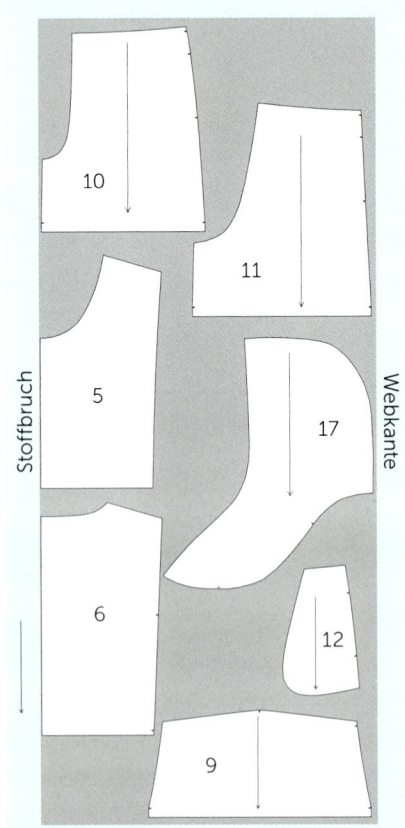

Viskose-Jersey in den Bruch legen, sodass Webkante auf Webkante liegt, und die Schnittteile gemäß Zuschneideplan auf dem Stoff positionieren. Als Nahtzugabe am Saum der Hosenbeine und am Ärmelsaum 2 cm, an allen restlichen Kanten 1 cm zugeben.

Streifen-Jersey in ganzer Breite auslegen. Nachfolgende Streifen sind mit Nahtzugabe angegeben:

- **A** Streifen für Kapuzenmittelnaht 1x: Länge wie obere Kapuzenkante, 2 cm breit
- **B** Streifen für vordere Kapuzenkante 1x: Länge wie vordere Kapuzenkante, 2 cm breit
- **C** Halsausschnitt-Streifen 1x: Länge wie Halsausschnittkante, 2 cm breit
- **D** Schulter-Streifen 2x: Länge wie Schulternaht, 2 cm breit
- **E** Streifen für Armausschnittkante 2x: Länge wie Armausschnittkante, 2 cm breit

So wird's gemacht

1 Kapuze nähen: Kapuze links auf links legen, so dass die Schnittkanten deckungsgleich aufeinanderliegen. Mit Stecknadeln feststecken und die Naht bei 1 cm schließen. Die Nahtzugabe mit den Händen auseinanderdrücken und rechts und links der Naht in gleichmäßigem Abstand knapp neben der Naht steppen. Nahtzugabe bis auf 0,5 cm gleichmäßig zurückschneiden. Den Streifen für die Kapuzenmittelnaht links auf rechts auf die Kapuzenmittelnaht legen, Nahtzugaben sind durch den Streifen komplett verdeckt, Streifen beidseitig 0,5 cm ab Schnittkante aufsteppen. Vordere Kapuzenkante 1 cm nach rechts bügeln und mit Stecknadeln befestigen. Den Streifen für die vordere Kapuzenkante links auf rechts so an der vorderen Kapuzenkante befestigen, dass die Streifenschnittkante 0,5 cm übersteht. Von links an der umgebügelten Bruchkante den Streifen aufsteppen. Von rechts bei 0,5 cm die andere Schnittkante des Streifens aufsteppen. Die rechte vordere Kapuzenkante links auf rechts auf die linke vordere Kapuzenkante legen, vorderen Mitten liegen aufeinander, übereinander liegende Schnittkanten zusammensteppen.

2 Schulternaht schließen: Schulter von Vorder- und Rückenteil links auf links aufeinanderlegen, Naht bei 1 cm schließen, Nahtzugabe auseinanderbügeln. Rechts und links der Naht knappkantig steppen. Nahtzugabe auf 0,5 cm zurückschneiden. Schulter-Streifen aufsteppen (siehe Streifen für Kapuzenmittelnaht).

3 Kapuze an Oberteil nähen: Kapuze links auf links an den Halsausschnitt stecken, dabei darauf achten, dass Schulterpunkte und hintere Mitte aufeinander liegen. Naht nähen, Nahtzugabe in das Oberteil bügeln. Den Halsausschnitt-Streifen an den Enden rechts auf rechts zum Ring schließen. Nahtzugabe auseinanderbügeln. Streifen von rechts so auf die Nahtzugabe legen, dass er 0,5 cm über die Naht hinweg in der Kapuze liegt, Streifen ringsum feststecken. Streifen von links knappkantig an der Naht nähen. Von rechts bei 0,5 cm die andere Schnittkante des Streifens auf das Oberteil steppen.

4 Ärmel einnähen: Ärmel links auf links auf die Armausschnittkanten legen, so dass die Schnittkanten deckungsgleich aufeinanderliegen. Die Naht bei 1 cm schließen, Nahtzugaben auseinanderbügeln. Rechts und links der Naht knappkantig steppen. Nahtzugabe auf 0,5 cm zurückschneiden. Streifen für Armausschnittkante aufsteppen (siehe Streifen für Kapuzenmittelnaht).

5 Ärmel- und Seitennähte im Oberteil schließen: Vorder- und Rückenteil und Ärmel rechts auf rechts legen, mit Stecknadeln feststecken und die Ärmel- und Seitennähte schließen. Darauf achten, dass die Streifen auf den Ärmelansatznähten exakt aufeinandertreffen eine fortlaufende Linie bilden ! Die Ärmel- und Seitennähte versäubern und nach hinten bügeln. Ärmelsaumkanten versäubern, 2 cm nach links bügeln und an der versäuberten Kante knappkantig aufsteppen.

6 Hose nähen: Für den Tascheneingriff die Nahtzugabe an der Vorderhose laut Markierung einschneiden, Schnittkante versäubern, 1 cm nach links bügeln und knappkantig aufsteppen. Taschenbeutel versäubern und rechts auf links unter den Tascheneingriff der Vorderhose legen, seitliche Nahtzugabe vom Taschenbeutel liegt in einer Linie mit der Seitennaht der Hose. Von links die Taschenbeutel auf die Vorderhose stecken. Taschenbeutel knappkantig entlang der versäuberten Schnittkante auf die Vorderhose steppen.

Tipp: Beide Vorderhosen links auf links legen und überprüfen, ob die Taschenbeutel deckungsgleich aufliegen. Wenn nicht, kann das noch schnell vor dem Nähen reguliert werden.

7 Vorder- und Hinterhose zusammennähen: Vorder- und Hinterhose rechts auf rechts legen, Seitennähte und innere Beinnähte bei 1 cm schließen, Nahtzugaben versäubern und in die Hinterhose bügeln. Saumkanten beider Hosenbeine versäubern, 2 cm nach links bügeln und an der versäuberten Kante knappkantig aufsteppen. Beide Hosenbeine rechts auf rechts ineinanderlegen, Schnittnaht schließen. Darauf achten, dass die inneren Hosenbeinnähte exakt aufeinandertreffen.

8 Oberteil und Hose zusammennähen: Oberteil und Hose an der Teilungsnaht rechts auf rechts legen, Seitennähte liegen exakt aufeinander, vordere und hintere Schrittnaht liegen an vorderer und hinterer Mitte des Oberteils. Teile zusammennähen. Nahtzugabe versäubern. Gummiband auf Taillenweite schneiden und stark gedehnt auf die

Nahtzugabe der Teilungsnaht steppen, dabei die Gummibandenden übereinander legen.

5

SYLT

Hoodie-Kleid, blau-weiß gestreift

Größen: 36–42 • Schwierigkeitsgrad: ✂ ✂ ✂ • Schnittbogen B in Grau

Maritimer Look in blau-weiß gestreift!
Entzückendes Minikleid mit toller Schnitttechnik für den perfekten Auftritt
an warmen Sommertagen.

Material

- Baumwoll-Streifen in Blau/Weiß
  (100 % Baumwolle, 140 cm breit), 1,60 m
- Rippen-Jersey in Weiß (100 % Baumwolle,
  140 cm breit), 0,80 m
- Baumwollschrägband in Weiß (40/20 mm)
  breit, 2 m
- Gummiband in Weiß (3 mm breit), 1 m
- Farblich passendes Nähgarn

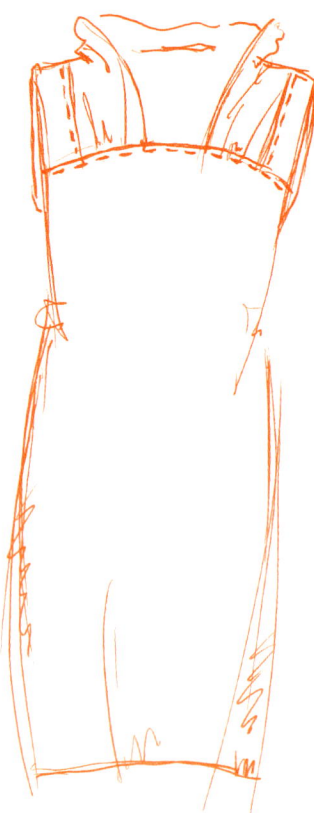

Passe vorn
gerafft mit
Kapuze

Passe hinten

Seitennahttaschen

nicht ganz eng
geschnitten

Zuschneiden

Die Schnittteile der gewünschten Größe vom Bogen auf Papier kopieren und ausschneiden.

Bitte beachten: Den oberen Vorderteil-Beleg mit Kapuze 1 aus dem oberen Vorderteil mit Kapuze 1 und die hintere Passe 18 aus dem Rückenteil 18 als Extra-Schnittteil kopieren.

Schnittbogen B in Grau

Größe: 36 ⸺ ⸺ ⸺
Größe: 38 ‹ * * * * * * * * * ›
Größe: 40 ⋯⋯⋯⋯⋯⋯⋯⋯⋯
Größe: 42 ⸻

Schnittteile:

- 1 oberes Vorderteil mit Kapuze
- 1 oberer Vorderteil-Beleg mit Kapuze
- 2 oberes seitliches Vorderteil
- 17 unteres Vorderteil
- 18 Rückenteil
- 18 hintere Passe
- 22 Taschenbeutel

Baumwoll-Streifen und Rippen-Jersey in den Bruch legen, sodass Webkante auf Webkante liegt. Die Schnittteile gemäß Lageplan auf dem Stoff positionieren. Als Nahtzugabe am Saum 3 cm, an allen restlichen Schnittkanten 1 cm zugeben.

Zuschneideplan

Baumwoll-Streifen in Blau-Weiß

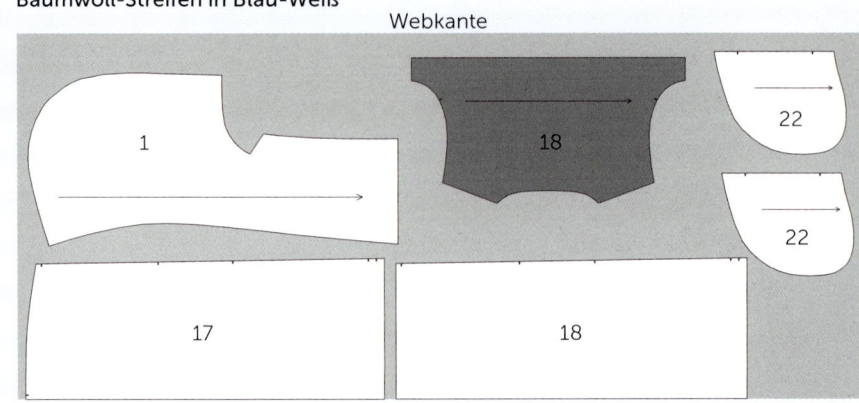

Rippen-Jersey in Weiß

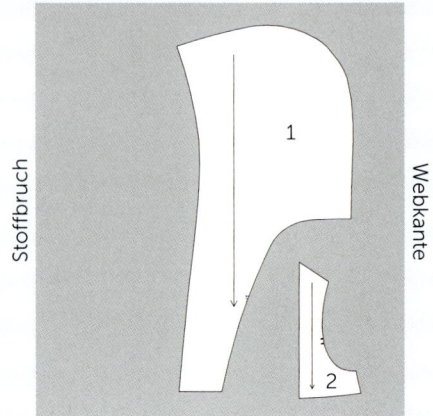

So wird's gemacht

1 Oberes Vorderteil mit Kapuze: Streifen- bzw. Jerseykapuzenteile jeweils rechts auf rechts legen, so dass die Schnittkanten deckungsgleich aufeinanderliegen, feststecken und die Naht in beiden Kapuzen bei 1 cm schließen. Nahtzugaben versäubern und zu einer Seite bügeln. Naht von rechts knapp und fußbreit absteppen. Streifen- und Jerseykapuze an den vorderen Schnittkanten rechts auf rechts aufeinanderlegen, feststecken und die Naht bei 1 cm nähen. Kapuze auf rechts wenden und vordere Kante in den Nahtbruch bügeln. Für den Tunnel 1 cm ab Nahtbruch beide Kapuzen zusammensteppen. Gummiband mit Hilfe einer kleinen Sicherheitsnadel in den Kapuzentunnel ziehen. Gummiband an Nahtanfang und Nahtende feststeppen. Belegschnittkante versäubern. Kapuzenschnittkanten links auf links zusammensteppen. Vordere Beleg-schnittkante knapp und fußbreit auf das Vorderteil steppen.

2 Oberes Vorderteil mit Kapuzen-kräuselung arbeiten: Die hintere Halsausschnittkante der Kapuze auf die Weite des hinteren Halsausschnittes ankräuseln und die untere vordere Kante auf die Weite im unteren Vorderteil laut Markierung ankräuseln. Dafür an diesen Schnittkanten zwei Nähte nähen. Die erste Naht fußbreit von der Schnittkante und die zweite Naht fußbreit unterhalb der ersten. Für beide Nähte eine etwas größere Stichlänge wählen und am Nahtanfang sowie am Nahtende die Fäden hängen lassen. Am Nahtanfang beide Nähfäden miteinander verknoten. Am Nahtende beide Unterfäden gleichmäßig solange zusammenziehen, bis die Strecken die entsprechende Weite haben (plus 2 cm Nahtzugabe), und dabei kleine Kräuselfältchen entstehen. Diese Nähfäden ebenfalls verknoten. Die Kräuselung gleichmäßig auf die gesamte Strecke verteilen.

3 Teilungsnaht im Vorderteil: Oberes seitliches Vorderteil jeweils rechts auf rechts auf die Teilungsnaht des oberen Vorderteils mit Kapuze legen, so dass die Schnittkanten deckungsgleich aufeinanderliegen. Beide Nähte bei 1 cm schließen. Nahtzugabe versäubern, ins Vorderteil bügeln und von rechts knapp und fußbreit absteppen.

4 Schulternaht und Halsloch schließen: Schulternähte und hinteres Halsloch werden in einem Arbeitsgang geschlossen. Oberes Vorderteil und hintere Passe an den Schnittkanten der Schulter rechts auf rechts aufeinanderlegen und feststecken. Achtung! Das Vorderteil liegt oben und die hintere Schulternaht (liegt unten) ist beim Auflegen 2 cm länger als die vordere Schulternaht.
Beim Schließen der Schulternähte 1 cm länger in den Kapuzenansatz hinein nähen, so dass am hinteren Halsloch noch 1 cm von der Schulter übersteht, gut verriegeln. Danach wird zum Ende

der Naht in die Nahtzugabe schräg eingeschnitten und das Halsloch geschlossen. Auf die Kräuselungen achten, damit sich diese beim Nähen nicht verschieben.

Nahtzugaben der Schulternähte, sowie die des hinteren Halslochs versäubern und in das Oberteil bügeln.

An die Nahtzugabe im hinteren Halsloch das Schrägband rechts auf rechts nähen. Nahtzugaben vom Schrägband stehen am Nahtanfang und am Nahtende 1 cm über. Schrägband um die Nahtzugabe herum nach links schlagen und von rechts im Nahtschatten das Schrägband festnähen. Am Nahtanfang und am Nahtende die überstehende Nahtzugabe nach links schlagen und das Schrägband an der Bruchkante knapp aufsteppen.

5 Teilungsnähte im Vorder- und Rückenteil schließen: Rückenteil und hintere Passe an der Teilungsnaht rechts auf rechts legen, so dass die Schnittkanten deckungsgleich aufeinanderliegen, feststecken und die Naht bei 1 cm schließen. Nahtzugabe versäubern und in die Passe bügeln. Naht von rechts knapp und fußbreit absteppen. Oberes und unteres Vorderteil an der Teilungsnaht rechts auf rechts legen, so dass die Schnittkanten deckungsgleich aufeinanderliegen, feststecken, Naht bei 1 cm schließen. Beim Nähen darauf achten, dass sich die Kräuselung nicht verschiebt. Nahtzugabe versäubern und in das untere Vorderteil bügeln. An die Nahtzugabe der Teilungsnaht im Vorderteil das Schrägband rechts auf rechts nähen. Schrägband um die Nahtzugabe herum nach links schlagen und von rechts im Nahtschatten das Schrägband festnähen. Das Schrägband an der Bruchkante knapp auf das untere Vorderteil steppen.

6 Seitennahttaschen arbeiten: Taschenbeutel rechts auf rechts auf die Markierung für den Tascheneingriff im Vorderteil legen, Nahtzugaben stehen über. Taschenbeutel ab und bis Tascheneingriff-Markierung nähen **6a**. An den Enden gut verriegeln. Nahtzugabe am Nahtanfang und am Nahtende quer zur Naht einschneiden **6b**. Die Nahtzugabe auseinanderbügeln **6c**, den Taschenbeutel nach links schlagen und in den Nahtbruch bügeln **6d**. Tascheneingriff knapp und fußbreit absteppen. Den anderen Taschenbeutel rechts auf links unter den Tascheneingriff legen, seitliche Nahtzugabe vom Taschenbeutel liegt in einer Linie mit der

Seitennaht vom Vorderteil **6e**. Die Taschenbeutel liegen rechts auf rechts deckungsgleich aufeinander; Taschenbeutel zusammenstecken **6f** und bei 1 cm schließen. Nahtzugabe versäubern.

7 Seitennähte schließen: Vorder- und Rückenteil rechts auf rechts legen, so dass die Seitenkanten deckungsgleich liegen, stecken und die Naht bei 1 cm schließen. Teilungsnähte an Vorder- und Rückenteil müssen exakt aufeinandertreffen. Nahtzugaben versäubern und in das Rückenteil bügeln. Naht von rechts knapp und fußbreit absteppen.

8 Saum: Saumschnittkante zweimal 1,5 cm nach links einbügeln. Obere Bruchkante feststecken und knappkantig aufsteppen.

9 Armausschnittkanten: Das Schrägband auf die Weite der Armausschnittkante plus 2 cm Nahtzugabe schneiden, rechts auf rechts zum Ring schließen und die Nahtzugabe auseinanderbügeln. Das Schrägband in den Bruch bügeln. Die Schnittkanten des Schrägbandes rechts auf rechts auf die Armausschnittkanten legen und feststecken. Die Naht im Schrägband liegt auf der Seitennaht. Bei 1 cm die Naht nähen. Die Nahtzugabe in den Rundungen des Armausschnittes im Abstand von 2 cm einschneiden. Schrägband um die Nahtzugabe herum nach links schlagen und in den Nahtbruch bügeln. Schrägband auf dem Oberteil feststecken und an der Bruchkante knappkantig aufsteppen. Armausschnitt bügeln.

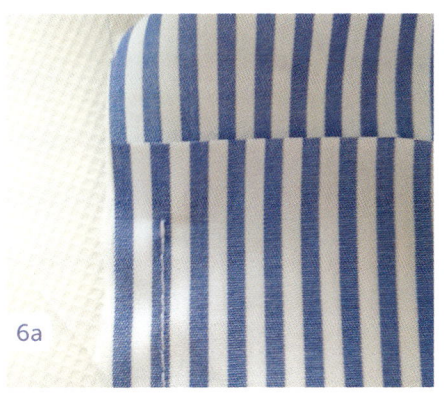
6a

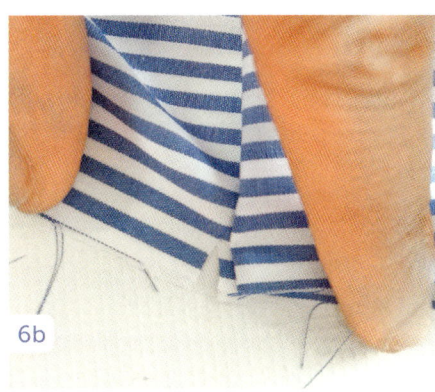
6b

6c

6d

6e

6f

PARIS

Vanillefarbener Hoodie mit Streifenkapuze

Größen: 34–44 • **Schwierigkeitsgrad:** ✂✂ • Schnittbogen C in Rot

Klares, reduziertes Design!
Sommerlich leicht für heiße Tage – luftiges Hoodie-Kleid, seitlich geschlitzt mit
farblich abgesetzten Schnitt-Details. Überziehen und los geht's.

Material

- Vanillefarbener Leinencrash (60 % Leinen, 30 % Viskose, 10 % Polyamid, 150 cm breit), 1,00 - 1,10 - 1,10 m
- Streifen-Jersey in Ecru (95 % Viskose, 5 % Elasthan, 140 cm breit), 0,60 m
- Jersey in Schwarz (94 % Viskose, 6 % Elasthan, 150 cm breit), 0,10 m
- Formband in Weiß (10 mm breit), 10 cm
- Farblich passendes Nähgarn

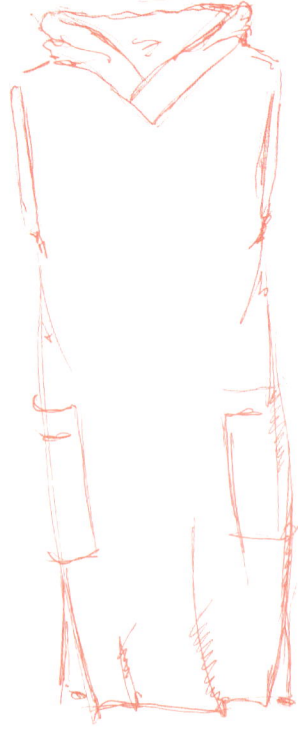

oversized mit
überschnittener
Schulter

große aufgesetzte
Taschen

lange
Seitenschlitze

Zuschneiden

Die Schnittteile der gewünschten Größe vom Bogen auf Papier kopieren und ausschneiden.

Schnittbogen C in Rot

Größe: 34/36 – – – – – – – – – –

Größe: 38/40 ‹×××××××××›

Größe: 42/44 ———————

- 1 Vorderteil
- 2 Rückenteil
- 7 Kapuze
- 8 Kapuzenmittelstreifen
- 9 Tasche

Leinencrash in den Doppelbruch legen und die Schnittteile gemäß Zuschnittplan auf dem Stoff positionieren.

Streifen-Jersey in den Bruch legen, sodass Webkante auf Webkante liegt. Die Streifen müssen dabei exakt aufeinanderliegen. Schnittteile gemäß Zuschnittplan auf dem Stoff positionieren.

Als Nahtzugabe am Tascheneingriff 2 cm und am Saum 3 cm, an allen restlichen Kanten 1 cm zugeben.

Jersey in Schwarz in ganzer Breite auslegen. Nachfolgende Schnittteile sind mit Nahtzugabe angegeben:

- A Streifen für Kapuzenmittelstreifen 2x: Länge wie Kapuzenmittelstreifen, 2 cm breit
- B Streifen für vordere Kapuzenkante 1x: Länge wie vordere Kapuzenkante, 2 cm breit
- C Halsausschnitt-Streifen 1x: Länge wie Halsausschnittkante, 2 cm breit
- D Taschen-Streifen 2x: Länge wie Tascheneingriff, 2 cm breit

Leinencrash

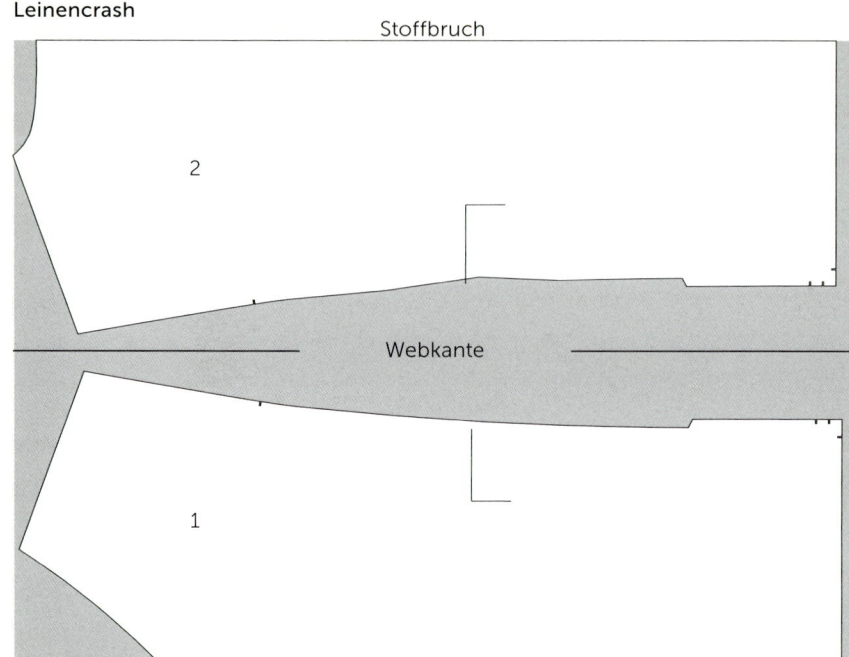

Streifen-Jersey

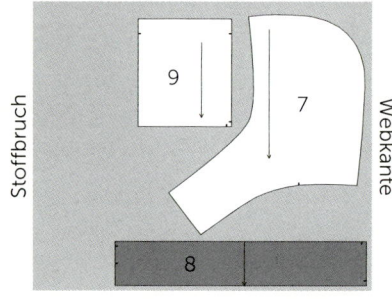

So wird's gemacht

1 Kapuze nähen: Kapuzenmittelstreifen links auf links auf die beiden Kapuzenteile legen, sodass die Schnittkanten von beiden exakt aufeinanderliegen und in 5 cm-Abständen mit Stecknadeln befestigen. Beide Strecken nähen. Die Nahtzugabe mit den Händen auseinanderdrücken und rechts und links der Naht in gleichmäßigem Abstand knapp neben der Naht steppen. Nahtzugabe bis auf 0,5 cm gleichmäßig zurückschneiden. Die Streifen für den Kapuzenmittelstreifen links auf rechts auf die Kapuzennähte legen, Nahtzugaben sind durch den Streifen komplett verdeckt, Streifen beidseitig 0,5 cm ab Schnittkante aufsteppen. Vordere Kapuzenkante 1 cm nach rechts bügeln und mit Stecknadeln befestigen. Den Streifen für die vordere Kapuzenkante links auf rechts so an der vorderen Kapuzenkante befestigen, dass die Streifenschnittkante 0,5 cm übersteht. Von links an der umgebügelten Bruchkante den Streifen aufsteppen. Von rechts bei 0,5 cm die andere Schnittkante des Streifens aufsteppen. Die rechte vordere Kapuzenkante links auf rechts auf die linke vordere Kapuzenkante legen, vorderen Mitten liegen aufeinander, übereinanderliegende Schnittkanten zusammensteppen.

2 Taschen: Schnittkante des Tascheneingriffs versäubern und 2 cm nach links bügeln. Versäuberte Kante aufsteppen. Einen Taschen-Streifen von rechts auf den Tascheneingriff legen, so dass die Taschenkante 0,5 cm übersteht, mit Stecknadeln feststecken. Taschen-Streifen von rechts beidseitig 0,5 cm ab Schnittkante aufsteppen. Für die Tasche eine Schablone aus Pappe anfertigen (ohne Nahtzugabe). Die Tasche mit der rechten Seite auf das Bügelbrett legen, die Schablone darauf legen und die Nahtzugabe um die Schablone herum auf die Schablone bügeln. Die Taschen an den Markierungspunkten des Vorderteils positionieren und mit Stecknadeln befestigen. Taschen knapp und fußbreit auf das Vorderteil steppen.

3 Schulternaht schließen: Schulter von Vorder- und Rückenteil rechts auf rechts aufeinanderlegen und die Nähte bei 1 cm schließen. Nahtzugaben versäubern und in das Rückenteil bügeln.

4 Kapuze an Oberteil nähen: Formband von links beidseitig 5 cm ab Ausschnittspitze auf die Halsausschnittkante bügeln, das Formband liegt an der Spitze doppelt. Die Nahtzugabe zur Spitze einschneiden. Kapuze links auf links an den Halsausschnitt stecken, dabei darauf achten, dass Schulterpunkte

und hintere Mitte aufeinanderliegen. Naht an der Spitze beginnend nähen. Die Nahtzugabe in das Oberteil bügeln. Den Halsausschnitt-Streifen an den Enden rechts auf rechts schräg zu einer Spitze schließen. Nahtzugabe auseinanderbügeln und die überstehende Nahtzugabe wegschneiden. Streifen von rechts so auf die Nahtzugabe legen, dass er 0,5 cm über die Naht hinweg in der Kapuze liegt, Streifen ringsum feststecken, Spitze liegt exakt auf der Ausschnittspitze. Streifen von links knappkantig an der Naht nähen. Von rechts bei 0,5 cm die andere Schnittkante des Streifens auf das Oberteil steppen.

5 Seitennähte schließen: Seitenkanten von Vorder- und Rückenteil versäubern. Vorder- und Rückenteil rechts auf rechts legen, sodass die versäuberten Schnittkanten deckungsgleich aufliegen. Seitennähte ab Armausschnitt bis Schlitzmarkierung schließen. Nahtzugaben auseinanderbügeln, Armausschnittkante im gleichen Abstand nach innen bügeln. Armausschnittkante an der versäuberten Kante knappkantig aufsteppen.

6 Saum: Saumschnittkante versäubern und 3 cm nach links bügeln. Saum doppelt eingeschlagen knappkantig aufsteppen (fertige Saumbreite 1,5 cm). Schlitze einbügeln und knappkantig aufsteppen.

SAINT-TROPEZ

Langes, schwarzes Hoodie-Kleid

Größen: 34–44 • **Schwierigkeitsgrad:** ✂ • Schnittbogen A in Rot

Bereit für den großen Auftritt?
Dieses Hoodie-Maxikleid aus edlem Glitzer-Jersey mit figurbetonter Silhouette ist ein wahrer
Hingucker. Je nach Stoffauswahl auch ein tolles Sommerkleid für lange Strandspaziergänge.

Material

- Gestreifter Glitzer-Jersey in Schwarz (62 % Viskose, 29 % Polyamid, 5 % Polyester-Lurex, 4 % Elasthan, 150 cm breit), 2,20 m
- Viskose-Jersey in Schwarz (94 % Viskose, 6 % Elasthan, 150 cm breit), 0,10 m
- Gummiband in Schwarz (3 mm breit), 1 m
- Formband in Schwarz (10 mm breit), 10 cm
- Farblich passendes Nähgarn

figurbetont
im Schnitt

Taille mit
Gummiband

im Rücken weit
ausgeschnitten

hohe
Seitenschlitze

bodenlang

Zuschneiden

Die Schnittteile der gewünschten Größe vom Bogen auf Papier kopieren und ausschneiden.

Bitte beachten: Vorder- & Hinterrock-Teile 18 und 18x zusammensetzen.

Schnittbogen A in Rot

Größe: 34/36 — — — — —
Größe: 38/40 〜〜〜〜〜〜〜〜
Größe: 42/44 ——————

- **13** Vorderteil mit Kapuze
- **14** Rückenteil
- **18 + 18x** Vorder- & Hinterrock

Glitzer-Jersey in den Doppelbruch legen und die Schnittteile gemäß Zuschneideplan auf dem Stoff positionieren. Als Nahtzugabe am Saum 2,5 cm, an allen restlichen Kanten 1 cm zugeben.

Jersey in ganzer Breite auslegen und Streifen schneiden. Nachfolgende Teile sind mit Nahtzugabe angegeben:

- **A** Streifen für Kapuzenmittelnaht 1x: Länge wie obere Kapuzenkante, 2 cm breit
- **B** Streifen für vordere Kapuzen- und Halsausschnittkante 1x: Länge wie entsprechende Kante, 3 cm breit
- **C** Armausschnitt-Streifen 2x: Länge wie Armausschnittkante, 3 cm breit

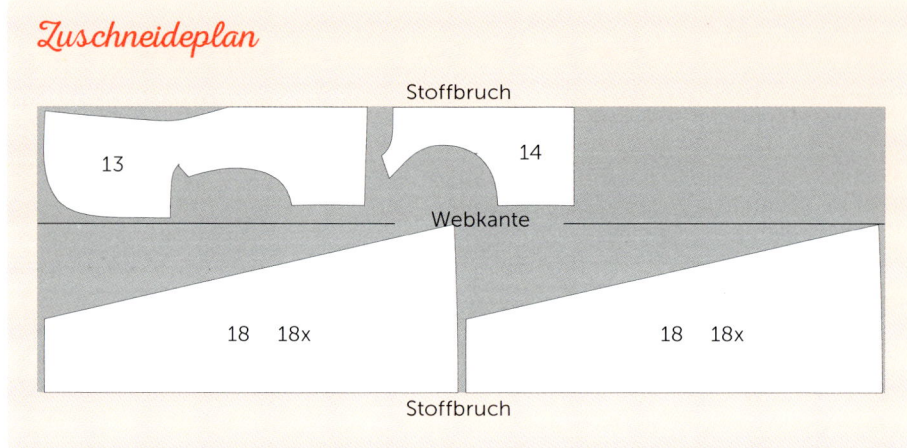

Zuschneideplan

Stoffbruch

13   14

Webkante

18   18x   18   18x

Stoffbruch

So wird's gemacht

1 Oberteil mit Kapuze nähen: Kapuze links auf links legen, so dass die Schnittkanten und das Streifenmuster deckungsgleich aufeinanderliegen. Mit Stecknadeln feststecken und die Naht bei 1 cm schließen. Die Nahtzugabe mit den Händen auseinanderdrücken und rechts und links der Naht in gleichmäßigem Abstand knapp neben der Naht steppen. Nahtzugabe bis auf 0,5 cm gleichmäßig zurückschneiden. Den Streifen für die Kapuzenmittelnaht links auf rechts auf die Kapuzenmittelnaht legen, Nahtzugaben sind durch den Streifen komplett verdeckt, Streifen beidseitig 0,5 cm ab Schnittkante aufsteppen. Formband von links beidseitig 5 cm ab Halsausschnittspitze auf die vordere Halsausschnittkante bügeln, das Formband liegt an der Spitze doppelt. Die Nahtzugabe zur Spitze einschneiden. Den Streifen (B) an den Enden rechts auf rechts schräg zu einer Spitze schließen. Nahtzugabe auseinanderbügeln, auf 0,5 cm zurückschneiden und die überstehende Nahtzugabe wegschneiden.

Vordere Kapuzen- und Halsausschnittkante 1 cm nach links bügeln und mit Stecknadeln befestigen. Den Streifen (B) rechts auf links so unter der vorderen Kapuzen- und Halsausschnittkante befestigen, dass die Streifenschnittkante 0,5 cm hervorsteht und die Spitze exakt unter der Ausschnittspitze liegt. Von rechts an der umgebügelten Bruchkante den Streifen aufsteppen. Von links bei 0,5 cm die andere Schnittkante des Streifens aufsteppen.

2 Seitennähte nähen: Vorder- und Rückenteil rechts auf rechts legen und die Seitennähte schließen. Wieder auf das Streifenmuster achten! Nahtzugaben versäubern und ins Rückenteil bügeln.

3 Schulternähte schließen: Schulternähte und hinteren Halsausschnitt in einem Arbeitsgang schließen. Vorder- und Rückenteil rechts auf rechts legen, das Vorderteil liegt oben, mit Stecknadeln feststecken. Achtung: Die hintere Schulternaht (liegt unten) ist beim Auflegen 2 cm länger als vordere Schulternaht. Schulternähte schließen, dabei 1 cm in den Kapuzenansatz nähen, gut verriegeln. Nahtzugabe zum Nahtende einschneiden. Hinteren Halsausschnitt in der Kapuze rechts auf rechts an die hintere Halsausschnittkante nähen. Schulternähte und hintere Halsausschnittkante versäubern, in das Rückenteil bügeln und die Naht von rechts fußbreit absteppen.

4 **Armausschnitt:** Den Armausschnitt-Streifen wie die vordere Kapuzen- und Halsausschnittkante arbeiten.

5 **Rock nähen:** Seiten- und Saumschnittkanten von Vorder- und Hinterrock versäubern. Vorder- und Hinterrock rechts auf rechts legen, so dass die versäuberten Seitenschnittkanten und das Streifenmuster deckungsgleich aufeinanderliegen. Die Seitennähte bis zur Schlitzmarkierung schließen. Nahtzugaben auseinanderbügeln, Schlitzkanten nach links bügeln.

6 **Rocksaum:** Den Rocksaum 2,5 cm nach links bügeln (hier ist es einfach, da man genau im Streifenverlauf einbügeln kann). Den eingebügelten Rocksaum mit Stecknadeln feststecken (quer zur äußeren Saumkante) und die versäuberte Saumkante knappkantig aufsteppen. Schlitzkanten nochmals nach links bügeln und knappkantig an der versäuberten Kante aufsteppen.

7 **Oberteil und Rock miteinander verbinden:** Oberteil und Rock an der Taillenschnittkante deckungsgleich aufeinanderlegen und mit Stecknadeln

feststecken. Darauf achten, dass die Seitennähte exakt aufeinander treffen! Taillennaht bei 1 cm schließen und die Nahtzugabe versäubern. Vordere und hintere Mitte an der Taillennaht markieren. Das Gummiband auf gewünschte Weite schneiden und zum Ring schließen, dafür die Enden ca. 1–2 cm übereinanderlegen. Gummiband vierteln und diesen Stellen markieren. Gummiband mit den markierten Stellen an der Nahtzugabe der Taillennaht an die vordere und hintere Mitte sowie die Seitennähte legen und mit Stecknadeln feststecken. Gummiband stark gedehnt auf die Nahtzugabe steppen.

Tipp: Bei Nähten in gestreiftem Stoff die Lagen an jedem Streifen exakt Streifen auf Streifen legen und an jedem Streifen mit quer zur Naht liegenden Stecknadeln fixieren. Wird perfekt gearbeitet, ergibt sich ein sauberer Streifenlauf über der Naht!

VERARBEITUNGSHINWEISE GRUNDAUSSTATTUNG

Folgende Dinge werden generell benötigt und sind in den Anleitungen nicht noch einmal gesondert aufgeführt:

- Nähmaschine
- Maßband und Lineal
- Schnittmusterpapier & Stift/Kopierrädchen
- Schneiderkreide, Markierstifte
- Schneiderschere und kleine Handarbeitsschere
- Steck-, Näh- und Sicherheitsnadeln
- Bügeleisen & Bügeltuch

Maßnehmen

Um die richtige Größe zu ermitteln, ist genaues Maßnehmen erforderlich. Brustumfang und Hüftweite messen Sie jeweils über die stärkste Stelle. Die Taillenweite nicht zu eng um die Taille messen.

Vergleichen Sie Ihre Maße mit den Angaben in der Maßtabelle. Mogeln sie nicht! Denn die richtige Größe ist wichtig, um späteres Abändern zu vermeiden.

Messen Sie nicht den Schnitt aus, denn dieser enthält bereits die erforderliche Weiten-Zugabe.

Die Schnitte beinhalten keine Nahtzugabe!

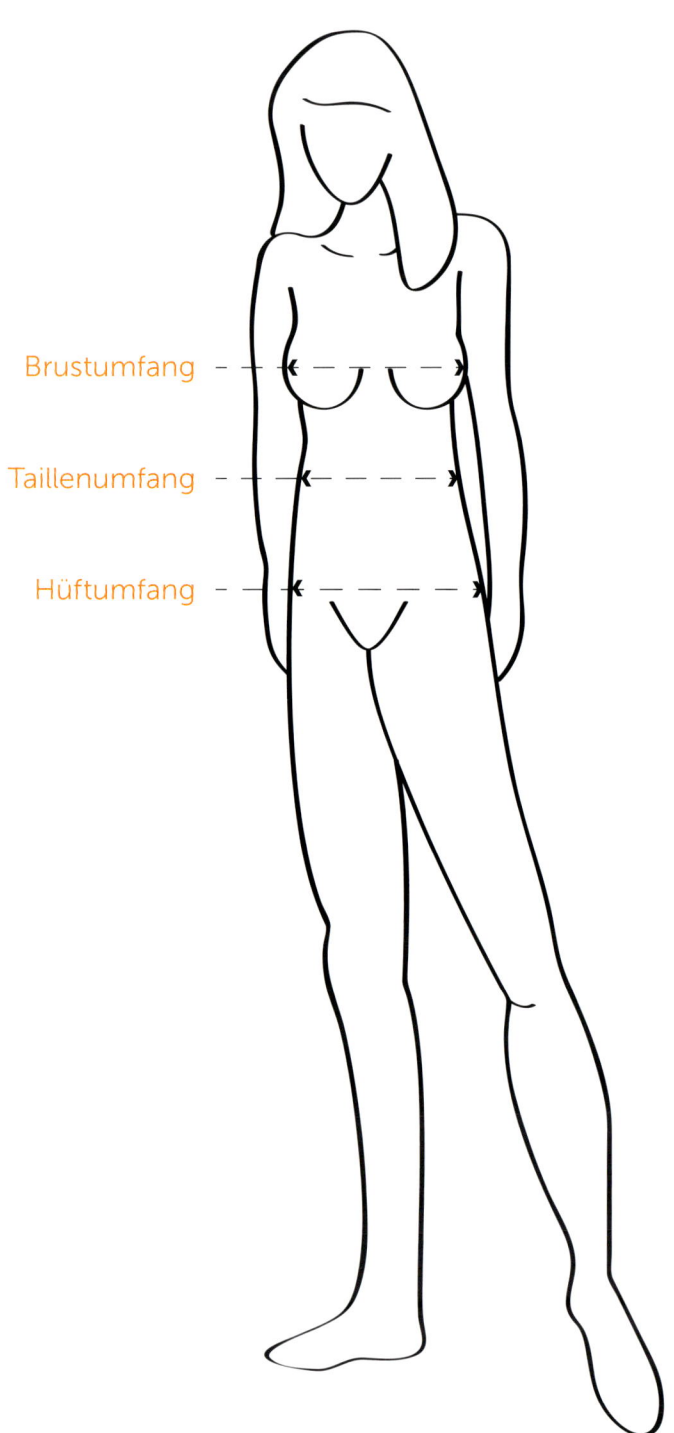

Maßtabelle

Normale Größen für Damenoberbekleidung

Bezeichnung/ Größe	34	36	38	40	42	44	46
Brustumfang	80	84	88	92	96	100	104
Taillenumfang	65	68	72	76	80	84	89
Hüftumfang	90	94	98	102	106	110	115

Stoff vorbereiten

Die angegebene Maße und Zuschneidepläne beziehen sich auf die Originalstoffe. Sollten die Stoffmengen oder andere Angaben je nach Größe variieren, so ist das an den jeweiligen Stellen vermerkt. Sollten Sie abweichend davon Stoff mit einer anderen Stoffbreite wählen, verändern sich natürlich Stoffverbrauch und Zuschnitt.

Es ist empfehlenswert, jeden Stoff vor dem Zuschnitt zu waschen und zu bügeln, denn viele Stoffe laufen durch die Wäsche ein – der eine mehr, der andere weniger. Selbst beim Bügeln schrumpfen viele Materialien nochmals. Darauf achten, dass die richtige Bügelwärme eingestellt ist. Nicht jeder Stoff verträgt extreme Hitze.

Schnittteile

In der Modellanleitung ist angegeben, auf welchem Arbeitsbogen die benötigten Schnittteile zu finden sind, sowie die Farbe, in der diese gedruckt sind z.B. ➜ Schnittbogen B in Schwarz.

Jedes Schnittteil hat eine spezifische Schnittteilnummer z.B. ➜ 5 Vorderteil. An der unteren und oberen Längsseite des Bogens befindet sich je ein Balken mit Zahlen. Diese Zahlen entsprechen den Schnittteilnummern. Fährt man nun rechtwinklig von der entsprechenden Zahl nach oben bzw. unten in den Schnittbogen hinein, stößt man auf die gleiche, fettgedruckte Zahl. Diese liegt an der Kontur des dazugehörenden Schnittteils.

Die verschiedenen Größen sind mit unterschiedlichen Konturlinien gezeichnet. Die Linie wählen, die der Konfektionsgröße entspricht.

Schnittkonturen können optional mit einem Stift (Textmarker) markiert werden. Nun das Schnittteil durchpausen oder herauskopieren. Zum Durchpausen wird Seiden- oder Schnittpapier benötigt. Dies wird auf den Schnittbogen gelegt und das markierte Teil abgezeichnet. Beim Durchradeln (mit dem Kopierrädchen) das Papier unter den Schnittbogen legen und Außenkonturen sowie markierte Linien durchradeln.

Wichtig: Alle Schnitt-Markierungen übertragen. Sorgfältig arbeiten, um exakte Schnittteile zu erhalten.

Die Bruchlinie kennzeichnet die Mitte eines Schnittteils. Manche Teile werden »im Stoffbruch« zugeschnitten. Durch das Anlegen an den Stoffbruch wird beim Zuschneiden die zweite Hälfte des Teils ergänzt. An der Bruchlinie ist keine Naht!

Für Kleidungsstücke werden in der Regel doppelt zugeschnittene Teile, also zwei Ärmel, zwei Kapuzenteile oder auch Vorder- und Rückenteile, doppelt im Stoffbruch zugeschnitten benötigt. Einige Teile werden aber auch in einfacher Stofflage zugeschnitten. Die Zuschneidepläne beim Modell zeigen, wie die Schnittteile auf die verschiedenen Stoffe aufgelegt werden. Teile in doppelter Stofflage sind weiß gefärbt, Teile in einfacher Stofflage sind dunkelgrau gefärbt.

Hinweis: Alle nummerierten Schnittteile plus Naht- und Saumzugabe gemäß Anleitung zuschneiden! Die Schnittteile beinhalten keine Nahtzugabe!

Teile, die mit A, B, C usw. bezeichnet sind, sind vermaßt und inkl. der benötigten Nahtzugabe angegeben.

Zuschneiden

Für einen sauberen Zuschnitt die Schnittteile auf dem Stoff mit kleineren Gewichten beschweren (z. B. Bücher), um ein Verrutschen des Stoffs oder des Schnittteils zu verhindern. Den Schnitt mit Stecknadeln auf dem Stoff zu befestigen ist auch eine Option, die ich jedoch vermeiden würde, um das Schnittmuster zu schonen.

Fadenlauf

Bei einem Gewebe werden Kett- und Schussfäden im Winkel von 90° miteinander verwoben. Der Fadenlauf zeigt immer die Richtung an, in der das Schnittteil aufgelegt werden muss (Kettrichtung). Im Allgemeinen verläuft der Fadenlauf parallel zur Webkante bzw. zum Stoffbruch.

Stoffbruch

Wird der Stoff Webkante auf Webkante zusammengelegt, ergibt sich eine Faltkante, die als Stoffbruch bezeichnet wird.

Doppelbruch

Die Webkanten beidseitig zur Mitte legen, sodass die äußeren Kanten nun im Stoffbruch liegen. Wie weit die Webkanten nach innen geschlagen werden, hängt von der Breite des im Stoffbruch liegenden Schnittteiles ab. Bleibt in der Mitte ein Stück frei, kann dieser Platz für Schnittteile genutzt werden, die in einfacher Stofflage zugeschnitten werden müssen.

Knipse

Knipse sind extrem wichtige Markierungspunkte, die dafür sorgen, dass Schnittteile deckungsgleich aufeinanderpassen. Besonders hilfreich sind Knipse bei unterschiedlichen Kantenformen zweier Schnittteile, die man miteinander vernähen muss. Beim Zuschneiden die Knipse mit einem kleinen Einschnitt von 3 mm markieren.

Schräger Fadenlauf

Der schräge Fadenlauf verläuft im 45-Grad-Winkel zur Webkante. Schnittteile, die in dieser Richtung zugeschnitten werden, sind besonders dehnbar. Daher lassen die sich beispielsweise schräg zugeschnittenen Streifen gut zum Einfassen von Kanten verwenden.

Rechte und linke Stoffseite

Die so genannte »rechte Seite« ist die Schauseite, also die Außenseite des Stoffs. Wenn es also heißt »Stoffteile rechts auf rechts aufeinanderlegen«, zeigen die rechten Schauseiten nach innen und die linken Seiten nach außen.

Stecken und Heften

Stoffteile immer zuerst mit Stecknadeln fixieren oder heften, damit sie beim Nähen nicht verrutschen oder sich Falten bilden. Eine Heftnaht wird mit dem größtmöglichen Geradstich der Nähmaschine oder mit großen Vorstichen von Hand ausgeführt. Nahtanfang und -ende werden nicht gesichert.

Nähen

Der Geradstich ist der grundlegende Nutzstich beim Nähen mit der Nähmaschine. Dies wird auch als „Steppen" bezeichnet. Im Allgemeinen wird auf der linken Stoffseite genäht. Dazu die beiden rechten Stoffseiten aufeinanderlegen und mit Geradstichen zusammennähen.
Elastische Stoffe erfordern elastische Nähte, damit die Nähte nicht reißen. Die meisten Nähmaschinen haben elastische Stiche im Programm, ein Blick in die Gebrauchsanweisung lohnt sich auf jeden Fall.
Falls Sie eine Overlock-Nähmaschine besitzen, schließen Sie die Nähte mit der 4-fädigen Sicherheitsnaht, versäubern Sie die Saumkanten mit einem Overlockstich und nähen Sie die Säume mit der normalen Nähmaschine oder mit einem Coverstich fest.

Verriegeln

Eine Nähmaschinennaht muss am Anfang und Ende vernäht, also »verriegelt« werden, sonst löst sie sich auf. Am Nahtbeginn drei bis vier Stiche vorwärts, dann rückwärts und anschließend wieder vorwärts nähen. Am Nahtende gegengleich verfahren.

Ab-(auf)steppen

Eine Naht oder Kante auf der rechten Seite des Projekts nochmals dekorativ nachsteppen.

Fußbreit

In der Regel ist ein Nähfuß 14 mm breit. Der Abstand der äußeren Fußkanten zur Nadel beträgt auf jeder Seite 7 mm. Schließt die Stoffkante beim Nähen mit der Außenkante des Nähfußes ab, versteht man darunter das »fußbreite Nähen«. Es entsteht hierbei eine Naht, die 7 mm entfernt von der Stoffkante verläuft.

Versäubern

Um zu verhindern, dass die Schnittkanten von Nahtzugaben nach dem Nähen ausfransen, müssen diese, entweder mit einer Overlock-Maschine oder per Zickzackstich, umnäht und damit gesichert werden.

Verstürzen

Der Ausdruck »Verstürzen« fasst eigentlich mehrere Arbeitsgänge: Das Zusammennähen zweier Stoffteile (z.B. von zwei Taschenbeuteln), das Zurückschneiden der Nahtzugaben rundherum und an den Ecken, das Einschneiden/Einknipsen von Rundungen und das anschließende Wenden des Teils.

Nahtschatten

»Im Nahtschatten nähen« bedeutet, dass ein verstürztes Stoffteil von der rechten Seite an der verstürzten Naht mit dem Stoffteil verbunden wird.

Beleg

Hierbei handelt es sich um ein kleines Schnittteil, das die gleiche Form hat wie die Kante, die es versäubern soll (zum Beispiel den Halsausschnitt). Der Beleg wird nach dem Annähen nach innen umgeschlagen.

ZUR AUTORIN

Ich liebe meinen Beruf und lebe meine Berufung.

Da ich finde, dass man Wissen und Kreativität weitergeben muss, bilde ich seit vielen Jahren junge Menschen zu Maßschneidern und Maßschneiderinnen aus.

Die ganze Vielfalt, die dieser Beruf beinhaltet, habe ich mit Freude erlernt. Schon als Kind saß ich im Atelier meiner Mutter und habe Knöpfe angenäht. Mit 16 Jahren nähte ich Kleidungsstücke für meine Freunde. Nach dem Abitur begann ich eine Schneiderlehre. Nach Abschluss dieser Berufsausbildung arbeitete ich ein Jahr als Kostümschneiderin an einem Theater. Ein Studium zur Modedesignerin & Schnittdirectrice folgte.

Der Wunsch, eine eigene Kollektion herzustellen, stand für mich schnell fest!

Seit 20 Jahren entwerfe ich nun jährlich 2 Kollektionen, die sich unter dem Namen „Brigitte Büge Collection" auf dem Markt im In- und Ausland gut etabliert haben.

Auf internationalen Stoffmessen suche ich zweimal im Jahr Stoffe für meine Kollektionen aus. Vorwiegend kaufe ich Stoffe aus Kollektionen von italienischen Textildesignern, die auch in Italien produziert werden. Qualität hat bei mir einen sehr hohen Stellenwert.

Die Stoffe für dieses Buch wurden ebenfalls aus diesem Sortiment gewählt. Da diese jedoch nicht im Handel erhältlich sind, besteht die Möglichkeit, sie in unserem Onlineshop zu erwerben (brigitte-buege-online.com).

Bei Fragen zu den Anleitungen oder Nähtechniken aus diesem Buch geben wir gerne unter 040 8993286 professionelle Hilfestellung.

Impressum

Entwürfe und Realisation: Brigitte Büge
Redaktion: Theresa Peter
Lektorat: A. Reuß
Fotos und Styling: Lukas Goldschmidt
Arbeitsfotos, Zeichnungen, Schnittbogen: Brigitte Büge
Gesamtgestaltung und Satz: GrafikwerkFreiburg
Reproduktion: RTK & SRS mediagroup GmbH
Druck und Verarbeitung: DZS Grafik, d.o.o., Slowenien

ISBN ISBN 978-3-8410-6477-6
Art.-Nr. 6477

© 2018 Christophorus Verlag GmbH & Co. KG, Rheinfelden
Alle Rechte vorbehalten

Hersteller

- Amann & Söhne GmbH & Co. KG, Bönnigheim
- Bolognini s.r.l., Montemurlo, Italien
- Brunetto Morganti & C., Prato, Italien
- Heiligenstädter Reißverschluß GmbH & Co., Heiligenstadt
- Hestor, Blomberg
- Krass + Wissing, Steinfurt
- Maute + Renz Textil GmbH, Albstadt
- Nesatex s.r.l., Carpi, Italien
- Nietzschmann & Hildebrandt, Stelle
- Satab, St. Just Malmont, Frankreich
- Tessitura Rossi, Carpi, Italien

Alle Stoffe sind zu beziehen über
www.brigitte-buege-online.com

Dank der Autorin

Ich danke dem Christophorus Verlag für die schöne Zusammenarbeit.
Des Weiteren danke ich meinem Team (Melanie, Benita, Natascha, Celina, Heiko sowie Manh, Ali; und Homanyun), das mit großer Freude und sehr viel Engagement dazu beigetragen hat, dieses Werk zu seiner Vollendung zu bringen.

ℂ Kreativ-Service

Sie haben Fragen zu den Büchern und Materialien? Frau Erika Noll ist für Sie da und berät Sie rund um alle Kreativthemen. Rufen Sie an! Wir interessieren uns auch für Ihre eigenen Ideen und Anregungen. Sie erreichen Frau Noll per E-Mail: **mail@kreativ-service.info** oder Tel.: **+49 (0) 5052 / 91 18 58**

Besuchen Sie uns im Internet: **www.christophorus-verlag.de**